인간과
개, 고양이의
관계
심리학

책공장더불어

POURQUOI LES GENS ONT-ILS LA MÊME TÊTE QUE LEUR CHIEN?
by Nicolas Guéguen and Serge CICCOTTI

Copyright ⓒ Dunod, 2010, Paris
All rights reserved.

This Korean edition was published by Book Factory Dubulu in 2012 by arrangement with Dunod Editeur through KCC(Korea Copyright Center Inc.), Seoul.

이 책은 (주)한국저작권센터(KCC)를 통한 저작권자와의 독점 계약으로 책공장더불어에서 출간되었습니다. 저작권법에 의해 한국 내에서 보호를 받는 저작물이므로 무단전재와 복제를 금합니다.

인간과 개, 고양이의
관계 심리학

인간과 동물이 서로에게 미치는 영향에 관한 248가지 심리 실험

책공장더불어

저자 서문

전 세계적으로 반려동물과 사는 인구는 증가하는 추세다. 그중에서도 프랑스는 반려동물 수가 6,500만 마리로 인구 6,300만 명을 넘어섰다. 반려동물 대열에는 개, 고양이, 햄스터, 토끼, 새, 물고기뿐만 아니라 거미, 뱀, 도마뱀, 쥐도 합류했다. 또한 승마를 하며 교감을 나누는 말, 휴가지에서 만나는 들판의 젖소 떼는 물론 동물원에서 만나는 원숭이, 돌고래, 늑대 같은 야생동물도 호기심과 경이로움을 일으키며 늘 우리와 함께한다.

이것뿐일까? 영화나 광고에 등장하는 동물을 보며 깔깔거리는 아이의 모습을 보는 일은 일상이다. 이렇듯 현대인은 반려동물과 살든 살지 않든 일상과 마음 속 한 자리에 항상 동물이 있다. 동물이 일상 속에 숱하게 존재하고, 우리의 생각과 희로애락 속에 중요한 위치를 차지하게 되자 전문가들은 자연스럽게 동물이 인간에게 끼치는 영향에 대해 궁금해하기 시작했고 연구하기에 이르렀다.

이 책에는 개와 고양이 등 인간과 일상을 나누며 사는 반려동물, 돌고래와 말 등의 치료동물 등이 인간에게 끼치는 영향력을 과학적으로 접근한 다양한 연구가 소개되고 있다. 동물이 우리의 신체 건강과 정서 발달, 대인 관계, 자신감 등에 끼치는 영향, 말과 돌고래 등을 활용한 동물 매개 치료의 효과 등에 관해 알아본다. 충동성, 공격성 등 부정적인 행동을 방지하고 교정하기 위해 동물이 어떻게 활용되는지, 학교에서 아이들의 협력 정도와 학업 성적 향상에 반려동물이 어떤 영향을 끼치는지, 이타주의와 공감을 북돋우기 위해 동물이 어떻게 활용되는지에 대해서도 살펴본다. 인간은 갖지 못하고 동물만 가지고 있는 특별한 능력에 대해서도 언급한다.

  그래서 이 책을 다 읽고 나면 사람들은 동물에 대해 다시 생각하게 될 것이다. 동물이 인간의 친구일 뿐만 아니라 치료 보조자이자 교육자, 예방 요원은 물론 사랑의 메신저 역할도 톡톡히 해내는 귀한 존재임을 다시 한 번 확인하게 될 테니 말이다.

프랑스에서 세르주 치코티, 니콜라 게갱

차 례

저자 서문   4

1장 인간 심리의 잣대

1   우리 고양이가 제일 잘 나가!   14
  자기가 소유한 것에 가치를 더 부여하는 단순 소유 효과

2   저기, 개똥 좀 치우세요!   19
  개똥을 치우는 사람과 치우지 않는 사람의 특성

3   개고기는 죽어도 안 먹겠다고?   23
  하이트의 개 식용과 혐오스런 행동에 관한 연구

4   기꺼이 돕는 마음을 만드는 존재   26
  반려동물과 이타적 행동의 상관관계

5   까칠한 치와와 주인, 용감한 콜리 주인   30
  견종에 대한 고정관념이 반려인에게 전이되는 현상

6   개 이름은 해피, 비밀 번호는 해피001   34
  아벨과 크루거의 반려동물의 이름에 관한 관례 연구

7   랄랄랄랄라~, 출근길이 즐거워   38
  웰스와 페린의 반려동물과 출근하는 직장인 효과 연구

2장 인간의 폭력성 vs. 동물의 공격성

1 **동물 학대는 인간 학대로 이어진다?** 44
   라이트와 탈리쳇의 연쇄살인범의 동물 학대 연구

2 **개를 때리는 남자는 아내도 자녀도 때린다** 52
   드게와 디릴로의 가정 폭력의 지표 구실을 하는 동물 학대에 관한 연구

3 **고마워, 너 덕분에 자살을 피했어!** 57
   피츠제럴드의 반려동물이 가정 폭력 피해 여성에게 끼치는 영향 연구

4 **걸핏하면 무는 개가 따로 있다?** 64
   레이즈너의 개의 공격성을 유발하는 요인에 관한 연구

5 **공감 능력이 커지면서 공격성이 줄어드는 아이들** 68
   스프링클의 인명 구조견을 활용한 학교 폭력 방지 프로그램

6 **핏불테리어 키우면 나쁜 사람?** 72
   라가츠 등의 견종과 반려인 성품의 관계 연구

3장 영원한 인간의 친구

1 **반려견과 반려인은 닮을까?** 76
   로이와 크리스틴펠드의 사람과 개의 유유상종 연구

2 **고양이는 사람이 아닌 집에 애착을 갖는다?** 80
   고양이에게 적용한 에인즈워스의 낯선 상황 실험

3 **청소부 얼굴을 한 순둥이 개의 탄생** 84
   레이 코핑거의 개와 늑대의 차이

4 **개와 고양이는 앙숙일까?** 87
   포이어슈타인과 테르켈이 관찰한 개와 고양이의 놀라운 소통법

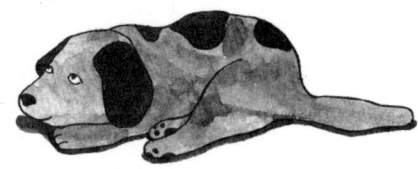

5	슈렉 고양이를 좋아하세요?	90
	미요 등의 고양이 동공 형태에 따른 선호도 조사	
6	고양이가 무지개다리를 건넜어요	93
	다케후미 기쿠스이가 밝힌 반려동물의 의미와 이별	

4장 동물의 놀라운 능력

1	개는 몇 단어나 알까?	100
	카민스키 등의 개의 언어 습득 능력 연구	
2	변기에서 소변을 보는 아기고양이	103
	낯선 상황 테스트 등 동물 지능을 알아보는 갖가지 실험	
3	예쁜 야옹이, 맘마 먹을까요?	113
	아기에게 말하듯 반려동물에게 말하는 경향	
4	사진 속에서 엄마를 찾아봐	117
	사람 얼굴을 구별하는 개의 능력 알아보는 아다치 등의 연구	
5	침팬지·늑대·개·고양이 중 누가 더 똑똑할까?	119
	인간을 이해하는 동물의 능력 비교 연구	

5장 동물은 건강 지킴이

1	개와 살아야 건강할까? 고양이와 살아야 건강할까?	124
	개와 고양이 반려인의 건강 비교	
2	비만이라고요? 개를 입양하세요!	129
	반려동물이 반려인의 신체 활동에 끼치는 영향	
3	할머니께 고양이를 선물할까?	131
	반려동물이 노인의 건강과 안녕에 끼치는 영향	
4	아빠, 곧 발작이 올 것 같아요!	135
	발작 탐지견의 놀라운 능력	

5	개·고양이와 살면 불면증이 사라진다 젱 등의 반려동물이 여성의 건강에 끼치는 영향	137
6	개는 당뇨병 환자들의 친구 혈당 감소를 탐지하는 개의 능력	139
7	셰퍼드를 암 전문의로 채용해야 할까? 암을 탐지하는 개의 후각 능력	141

6장 유혹의 기술

1	남자는 반려동물도 금발을 좋아해? 개·고양이의 털색에 대한 선호도	146
2	이성을 꼬시려면 강아지 머리에 뽀뽀를! 개의 존재가 유혹에 미치는 효과	149
3	개 좋아하는 사람치고 나쁜 사람 없대요 데보라 웰스의 개의 존재가 사회적 상호작용에 끼치는 영향	156
4	토끼는 대화, 거북이는 질문 헌트 등의 동물과 함께 있는 여성에 대한 반응 연구	162
5	애무의 정석, 고양이 피셀과 하트의 고양이를 이용한 부부 성 문제 치료	165
6	개랑 있는 저 사람 정말 예의바를 것 같지 않아? 로스바흐와 윌슨의 개 덕분에 얻는 긍정적인 효과 연구	168

7장 동물에게 배우는 긍정의 마음

1. **네가 있어서 다행이야!** ... 174
   반려동물이 인간의 심리적·정신적 건강에 끼치는 효과

2. **치료견이 정신과 최고의 명의** ... 177
   우울증 환자 X의 동물 매개 치료 효과

3. **야옹, 병문안 왔어요** ... 181
   동물을 동반한 문병이 입원 환자에게 끼치는 영향

4. **거식증, 폭식증도 개선시키는 말 매개 치료** ... 185
   말과의 상호작용이 신체적·정신적 안정에 끼치는 영향

5. **교도소로 간 동물들** ... 189
   재범률 0퍼센트로 만드는 교도소 동물의 놀라운 기적

6. **최고의 의사 선생님, 돌고래** ... 194
   신체 능력과 언어 학습에 효과가 있는 돌고래 치료 효과

7. **수족관이 있는 치과라면 오케이!** ... 200
   수족관의 물고기가 사람들의 스트레스에 끼치는 영향

8장 똑똑한 자녀로 키우는 최고의 유모

1. **아기가 생겼으니 개·고양이는 버릴까?** ... 208
   반려동물이 아이의 성장 발달에 끼치는 영향

2. **우리 학교 멍멍이 선생님 짱!** ... 212
   교실에 개가 있을 때의 교육 효과 연구

3. **고양이가 성적을 올린다고?** ... 217
   동물이 초등학생의 학습 능력과 인지 능력에 미치는 영향 연구

4. **강아지 로봇 아이보** ... 221
   리몬드 등의 실제 개와 강아지 로봇의 학습 효과 차이 연구

5	**개가 너무 무서워요!** 반두라와 멘러브의 동물 대체물을 사용한 개 공포증 치료	226
6	**유전자변형 고양이가 나왔어요!** 저알레르기성 고양이의 출현	231
7	**동물은 자폐아의 입을 열게 한다** 자폐아 재커리는 개 헨리를 만나고 어떻게 변했나?	234

외전 인간도 동물에게 영향을 끼친다!

1	**젖소에게 이름을!** 인간과 젖소의 관계가 우유 생산량에 미치는 영향	240
2	**빗질의 놀라운 효과** 버텐쇼 등의 관심과 공격성에 관한 연구	242
3	**돼지를 차에 태웠다면 직진만 하세요** 운전 방식과 가축이 받는 스트레스 연구	244
4	**코카콜라 광고에 나온 치와와 주세요** 헤르초크의 견종 선택의 유행에 관한 연구	246
5	**동물도 외모가 중요하군** 포스터 속 동물 외모가 동물보호단체 기금 모금에 끼치는 영향	248
6	**개가 남자를 더 좋아한다고?** 웰스와 헤퍼의 동물의 남녀 선호도에 관한 연구	250

참고 문헌	252
찾아보기	271
역자 후기	274

1장 인간 심리의 **잣대**

인간의 심리는 실로 복잡다단하다. 그런데 반려동물이 그런 인간 심리를 알 수 있는 바로미터가 되어 준다. 사람들은 고양이 자랑을 하며 은근히 자존감을 높이기도 하고, 선뜻 남에게 손을 내밀지 못하던 사람도 동물이 개입하면 쉽게 타인에게 도움을 주기도 한다.

우리 고양이가 제일 잘 나가!
자기가 소유한 것에 가치를 더 부여하는 단순 소유 효과

사람은 자신을 과대평가하는 경향이 있다. 이를테면 내 차가 옆집 차보다 더 잘 굴러가고, 우리 아이들이 다른 집 아이들보다 더 다재다능하다고 생각한다. 정신적으로 건강한 사람들은 사물을 냉정하게 인식하기보다 긍정적으로 바라보는 경향이 있다. 브라운(1986)의 연구에 따르면 사람은 자신을 인색함과 거짓말 등의 부정적인 특징보다는 너그러움, 지혜, 정의감 등의 긍정적인 특징을 지닌 존재로 인식하는 성향이 강하다. 다시 말해 자신이 다른 이보다 더 지혜롭고 책임감이 강하지만, 속물적이고 위선적인 면은 덜하다고 여기는 것이다.

브루어와 크라이머(1985)의 연구는 사람들이 자신의 친구나 자기가 속한 집단 구성원에게 편파적인 태도를 취한다는 사실을 입증했다. 사람들은 자신이 친구보다 낫다고 생각하고, 낯선 사람보다는 자기 친구가 더 낫다고 평가한다는 뜻이다. 우리는 친구를 내세워 "의사인 친구 집에서 일주일 동안 멋진 휴가를 보냈어."라는 식으로 자화자찬하는 경향이 있다. 하지만 친구가 청소부라면 그저 "친구네서 일주일 동안 푹 쉬었어."라고 말할 것이다. 마찬가지로 자기가 응원하는 팀이 이기면 "우리가 이겼어."라고 하지만 지면 "걔들이 졌어."라고 할 때가 많다(Cialdini, Borden, Thorne, Walker, Freeman & Sloan, 1976).

네설로드 등(1999)의 연구에서는 사람들이 자기가 소유한 모든 것에 더 높은 가치를 부여한다는 사실이 드러났다. 이를 '단순 소유 효과mere ownership effect'라고 하는데 예를 들어 이웃집이 크고 멋져도 작고 누추한 내 집이 더 좋다고 생각하는 식이다. 마찬가지로 새 물건을 갖게 되면 소유하고 있던 것보다 더 마음에 들어한다.

후렌스와 누틴(1993)의 연구에 따르면 사람들은 여러 단어 중에서 마음에 드는 것을 고르라고 하면 자기 이름의 글자가 들어간 단어를 선호한다고 한다. 그런데 특이한 것은 자존심에 상처를 입은 뒤에는 이런 단순 소유 효과가 더 강하게 나타난다는 것이다(Beggan, 1992). 자존심이 상한 상황일 경우 커피 잔 등 사소한 물건을 새로 갖기만 해도 그 물건에 대한 평가가 좋아진다. 좋은 물건을 소유한 자신이 특별한 사람이 된 듯한 느낌이 들기 때문이다. 사람들은 자신에 대한 좋은 이미지를 유지하고 싶어한다.

그렇다면 사람들은 자신의 반려동물을 타인의 반려동물과 비교해 어떻게 생각할까?

"이 개 얼마 주고 사셨어요? 고양이는요? 150유로보다 많이 주셨어요? 제가 만약 100만 유로를 드린다면 팔 의향이 있으세요?"

2002년에 《데이턴 비즈니스 저널》에서는 반려동물과 함께 사는 사람들에게 이런 질문을 한 후 결과를 살펴봤다. 물론 경제위기 전이기는 했지만 56퍼센트가 "아뇨! 100만 달러를 준다고 해도 우리 개(또는 고양이)를 팔지 않겠어요."라고 대답했다. 대다수의 사람들이 반려동물을 가족으로 여기기 때문이다. 그런 까닭에 그들을 위해 돈쓰는 것을 아까워하지 않는다. 미국 애완동물용품제조업협회(APPMA)에 따르면 미국인은 2005년 한 해에 반려동물에게 360억 달러를 지출했다.

반려인은 애정이 깊은 나머지 반려동물을 객관적으로 판단하지 못하는 경향이 있다. 가족으로 여기든 소유 대상으로 여기든 모두 마찬가지다. 대부분 실제보다 더 긍정적으로 판단한다. 그래서 전문가들은 반려인이 자신의 반려동물에 대해 얼마나 객관적인 태도를 취하는지 알아보았다. 남녀 140명이 자신의 반려동물에 대해 명랑함, 똑똑함, 믿음직함 등의 긍정적인 측면과 말을 잘 안 들음, 공격적임, 게으름 등의 부정적인 측면을 평가했다.

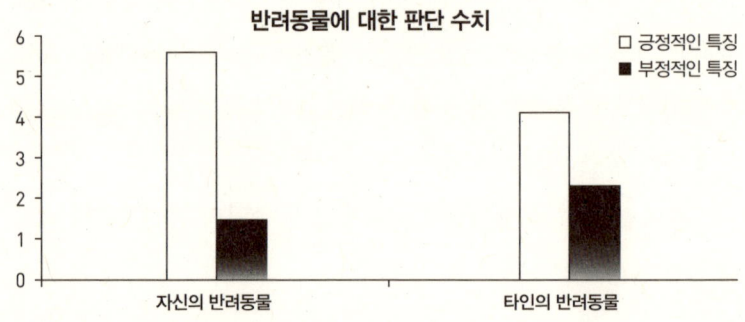

그래프에 나타난 결과는 연구진의 예상과 일치했다. 참가자들은 자신의 반려동물이 다른 반려동물보다 긍정적인 특징은 더 많고, 부정적인 특징은 덜하다고 평가했다. 연구진은 주인의 성격과 동물의 자질에 대한 과대평가 사이에 관련이 있는지를 알아보기 위해 또 다른 실험을 실시했고 재미있는 결과를 얻었다. 실험 결과 반려동물의 성격이 반려인의 성격에 가까울수록 반려인이 반려동물을 더 긍정적으로 평가한다는 사실을 알아낸 것이다. 사람들이 관계를 맺을 때 자신과 비슷한 성격의 사람을 더 좋아하는 것과 같은 결과다.

이 외에 심리학자들은 반려동물에 대한 애착이 강할수록 다른 동물에 비해 자신이 키우는 동물이 가진 자질을 과대평가한다는 사실도 알아냈다. 또한 자존감이 높은 사람일수록 자신의 반려동물에게 더 높은 가치를 부여한다는 사실도 확인했다. 자신에 대한 후한 평가를 반려동물에게도 투사한다는 뜻이다.

다양한 결과를 종합해 심리학자들은 반려동물과 함께 사는 사람들은 스스로의 가치를 더 높게 평가하고 자신을 더 나은 존재로 느낀다는 결론에 이르렀다. 실제로 자신의 반려동물이 다른 동물과 비교해서 꽤 괜찮은 존재인데 그런 존재가 자신에게 무조건적인 사랑을 베푼다면 자신도 꽤 괜찮은 사람이라고 느낀다는 것이다.

결론 연구 결과는 반려동물과 사는 장점에 대해 이야기한다. 실제로 반려동물은 인간의 자존감을 지키는 데 도움이 된다. 예를 들어 자기가 키우는 새끼 고양이의 성격과 행동을 과장해서 칭찬하면서 사람들은 자존감을 찾는다. 따라서 누군가 입에 침이 마르도록 자신의 반려동물을 칭찬한다면 그 평가가 그리 객관적이지 않음을 알아야 한다. 그런 칭찬에는 반려동물을 아끼는 마음도 있지만 자신의 이미지를 좋게 유지하려는 마음도 들어 있기 때문이다.

저기, 개똥 좀 치우세요!
개똥을 치우는 사람과 치우지 않는 사람의 특성

'나 하나 어긴다고 큰 피해야 있겠어?'라고 생각하는 사람이 꽤 많다. 과연 그럴까? 2.5킬로그램짜리 작은 복슬강아지와 산책을 하던 사람이 개가 길에 똥을 쌌는데도 그냥 가 버린다면 사람들은 분명 한 마디 할 것이다.

"저기요! 그냥 가시면 어떡해요? 개똥 치우고 가세요."

하지만 이미 똥을 치우지 않기로 작정한 사람이 호락호락 "네, 죄송합니다. 치울게요."라고 답할 확률은 그리 높지 않다.

"뭐요? 별 시비를 다 거네. 얘가 싸봤자 얼마나 싼다고 그러세요."

그 사람 말이 맞다. 소형견이 싸봤자 얼마나 싸겠는가. 하지만 프랑스 파리만 해도 길 위에 뒹구는 개똥의 양이 연간 2만 5,000톤이다. 그것을 알고도 그렇게 말할 수 있을까?

걸 위의 개똥을 치우려면 경제적인 손실이 발생한다. 하지만 문제는 그것만이 아니다. 개똥은 공중위생에도 위험 요소다. 실제로 개똥으로 인한 환경 오염은 개회충 확산을 유발할 수 있다. 개회충은 개와 사람 모두 구충제를 먹으면 간단히 예방할 수 있지만 예방하지 않고 있다가 감염되면 현기증, 구토, 천식, 간질 발작, 실명 등을 유발할 수 있다(Kerr-Muir, 1994). 특히 어린아이들이 개회충에 자주 노출되어 감염된다(O'Lorcain, 1994). 두 살짜리 아기가 개회충 알로 오염된 길을 산책하고 돌아와서 신발을 갖고 논다고 상상해 보라. 몇몇 시에서 왜 세제를 탄 물로 길 위를 깨끗이 닦는지 이해하게 될 것이다.

물론 이를 규제하는 법이 있다. 개똥을 치우지 않으면 영국에서는 50~1,000파운드, 파리에서는 180유로의 벌금을 물린다. 개한테 배수로에 용변 보는 법을 가르치는 캠페인도 많다. 몇몇 도시에서는 거리에 개똥을 담을 수 있는 봉투를 비치해 두었지만 그렇게 한다고 해서 개 주인들이 모두 시민의식을 갖추지는 않는다.

2006년 심리학자 웰스는 길을 더럽히는 개 주인이 어떤 인구통계학적 특성을 띠는지 알아보았다. 연구자들은 북아일랜드의 공원 여덟 곳에서 개와 함께 산책하는 사람 400명의 행동을 관찰한 뒤 성별, 나이, 사회경제적 지위, 목줄 사용 여부, 개의 반응 등을 조사했다.

관찰 결과 과반수인 55퍼센트가 개 배설물을 치웠다. 두 명 중 한 명은 개똥을 주워 담은 셈이다. 이를 바탕으로 개 주인의 특성을 좀 더 구체적으로 살피자 개똥을 주워 담고 개에 목줄을 채우는 등 시민의식이 있는 사람에게는 몇 가지 특성이 있었다. 경제적으로는 저소득자보다는 고소득자, 남성보다는 여성, 개에 목줄을 하지 않는 사람보다는 목줄을 한 사람이 개똥을 더 많이 치웠다. 또한 일반적인 통념과는 달리 개똥을 치우는 것과 나이와는 별 연관이 없었다. 나이가 어리다고 개똥을 안 치우거나 나이가 많다고 잘 치우지 않았다.

성별에 따라 개똥을 치우는 비율	여성 60%	남성 30%
경제적 능력에 따라 개똥을 치우는 비율	고소득자 70%	저소득자 20%
목줄 사용 여부에 따라 개똥을 치우는 비율	목줄을 사용하는 사람 70%	목줄을 사용하지 않는 사람 30%

위의 표에서 보듯이 개똥을 주워 담는 사람과 그렇지 않은 사람 사이에는 현저한 차이가 있다. 사회·직업적 범주로 보았을 때 저소득자가 개똥 치우는 일에 가장 신경을 쓰지 않는 것으로 나타났다. 그런데 이것은 이미 다른 연구(Franzen & Meyer, 2004; Yilmaz, Boone & Anderson, 2004)를 통해서도 여러 차례 입증되었다. 여러 연구를 통해 연간 소득과 환경에 대한 관심 사이에는 연관성이 있음이 밝혀졌다.

연구에 따르면 개에 목줄을 채우고 다니는 사람이 그렇지 않은 사람보다 개똥을 훨씬 더 많이 치웠다. 여기에는 두 가지 요인이 있다. 개에게 목줄을 채우는 사람은 개가 무엇을 하는지 항상 지켜보기 때문에 개똥을 치우기가 쉽다. 반면에 목줄을 사용하지 않는 사람은 목줄을 사용하고 엄격하게 감시하는 사람보다 책임감이 부족한 것일 수 있다.

여성이 남성보다 개똥을 더 많이 치우는 것은 개똥만이 아니라 일상에서 두루 나타나는 결과다. 실제로 연구를 통해 남성이 쓰레기를 더 많이 버리고(Durdan, Reeder & Hecht, 1985), 환경에 관심이 덜 하다(Mohai, 1992)는 사실이 입증되었다.

결론

개똥 치우기에 대한 사람들의 반응은 성별, 경제적 능력별, 목줄 사용 여부에 따라 달랐다. 그러니 앞으로 '개똥 청소' 캠페인을 할 때는 이를 고려해야 한다. 특히 남자와 저소득자를 대상으로 메시지를 전달하는 것이 중요하고, 개똥 치우는 것을 권장하려면 목줄을 채우는 것부터 강조할 필요가 있음을 알 수 있다. 개똥 치우기는 도시 환경을 더 깨끗하고 건강하게 만드는 데 꼭 필요하다. 그러므로 여러 연구 자료를 바탕으로 효과적인 캠페인을 진행하는 것이 중요하다.

개고기는 죽어도 안 먹겠다고?
하이트의 개 식용과 혐오스런 행동에 관한 연구

개고기는 생각만 해도 혐오스럽기 때문에 개고기를 절대 먹지 않는다고 딱 잘라 말하는 사람이 많다. 그렇다면 사람들은 개고기 섭취를 얼마나 혐오스럽게 생각할까? 하이트 등(1993)은 미국의 성인과 어린이 400여 명을 대상으로 다음과 같은 여섯 가지 상황을 제시했다.

걸레가 된 국기 한 사람이 빨래를 하려고 벽장 속에 넣어둔 옷가지며 천을 모조리 꺼내던 중 벽장 깊숙한 곳에서 국기를 발견한다. 그는 국기로 걸레를 만들어 욕실 청소를 하기 시작한다.

엄마와의 약속 어기기 죽음의 문턱에 이른 엄마가 아들에게 자신이 떠난 후 매주 무덤에 와달라고 부탁한다. 엄마를 사랑하는 아들은 그렇게 하겠다고 약속했지만 엄마가 죽은 후 그 약속을 지키지 않는다. 바쁘다는 이유로 아들은 한 번도 무덤에 가지 않았다.

개 식용 가족이 키우던 개가 집 앞에서 차에 치여 죽었다. 개의 사체를 거둬 온 가족들은 개고기가 맛있을 거라고 생각해 개의 사체를 조각내서 불에 구워 저녁식사로 먹었다.

키스하는 남매 서로 키스하기를 좋아하는 남매가 있다. 이들은 종종 다른 사람의 눈길이 닿지 않는 곳에 숨어 열렬하게 키스를 한다.

닭고기와 성관계 일주일에 한 번씩 슈퍼마켓에 가서 닭고기를 사는 남자가 있다. 이 남자는 요리하기 전에 닭과 성관계를 맺은 후 닭을 요리해서 먹는다(이 지문은 어른들에게만 제시했다).

교복 거부 학교에서는 교복을 입어야 하는 교칙이 있다. 그런데 한 학생만 교복을 거부하고 사복을 입는다.

위의 각 상황은 일반적으로 사람들이 충격적이고 혐오스럽고, 바람직하지 않다고 생각하는 것들이다. 사람들은 이 중에서 어떤 행동에 당장 규제를 가하거나 엄중하게 처벌해야 한다고 생각할까?

	성인	어린이
걸레가 된 국기	34%	56%
엄마와의 약속 어기기	20%	62%
개 식용	45%	67%
키스하는 남매	64%	72%
닭고기와 성관계	64%	–
교복 거부	60%	75%

실험 결과는 놀라웠다. 성인이나 어린이 모두 자기가 키우던 개를 먹는 것보다 교복을 입지 않고 혼자 사복을 입는 것을 도덕적, 규범적으로 더 심각하게 여겼다. 일반적으로 사람들이 가장 혐오할 거라고 생각한 개 식용보다 남매 간의 키스나 닭고기와의 성행위, 교복을 입지 않는 것 등에 더 강한 규제를 해야 한다고 생각하는 것이다.

결론 연구를 통해 사람들이 흔히 혐오스러운 행동으로 떠올리는 것이 실제 규제와 처벌의 대상과 반드시 일치하는 것은 아님을 알게 되었다. 사람들은 혐오스러운 행동보다는 도덕 규범을 위반하는 것을 더 심각하게 생각했다.

기꺼이 돕는 마음을 만드는 존재

반려동물과 이타적 행동의 상관관계

길에서 구걸하는 사람과 마주치면 무의식적으로 피하게 된다. 그런데 그 사람이 개를 데리고 있으면 어떨까? 개의 존재가 사람들에게 어떤 영향을 미칠까?

필자(2008)는 실험 참가자인 20~22세 젊은 남녀에게 지나가는 행인한테 다가가 버스비를 달라고 부탁하도록 했다. 참가자는 말쑥한 옷차림을 하고 머리도 단정하게 빗었다. 남성은 깔끔하게 면도를 했고, 여성은 화장을 해서 일반적으로 거리에서 구걸하는 사람처럼 보이지 않도록 했다. 참가자는 혼자 있거나 개와 함께 있었다. 개는 몸무게가 11킬로그램 정도 나가는 검은색 중형견으로 귀엽고 활발했다.

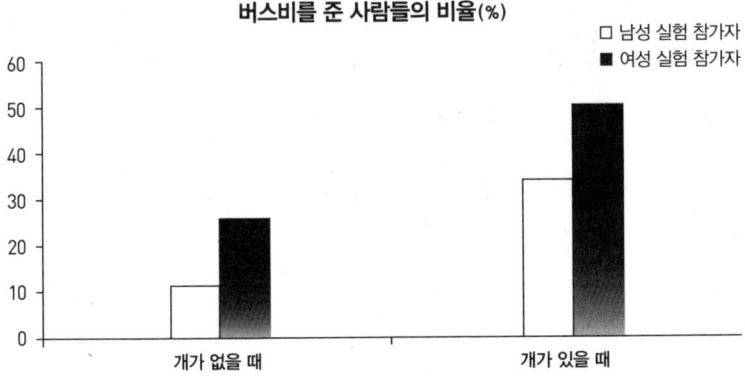

　실험 결과 사람들은 개와 함께 있을 때 더 많은 도움을 주었다. 개가 사람들의 이타적인 마음을 고무시킨 것이다. 또한 사람들은 개가 있을 때 더 너그러운 태도를 보였다. 사람들은 개가 없을 때는 평균 0.54유로, 개가 있을 때는 평균 0.8유로를 주었다. 사람들은 분명하게 도움을 요청할 경우 동물과 함께 있으면 더 이타적인 모습을 보였다.

　그렇다면 암묵적으로 도움이 필요한 상황에서도 동물의 존재가 영향을 끼칠까? 암묵적인 도움이란 직접 도와달라고 부탁하지 않은 사람을 자발적으로 도와주는 행위를 말한다. 예를 들어 바닥에 물건을 떨어뜨리고 가는 사람에게 이를 알려주거나 무거운 짐을 혼자서 차에 싣는 사람이 도움을 요청하지 않았는데도 도와주는 경우가 이에 해당된다.

　실험 참가자인 젊은 남자는 이전 실험에서와 똑같이 목줄을 채운 개 한 마리를 데리고 버스 정류장에 갔다. 운행 시간표를 보다가 바지 주머니에서 동전 지갑을 꺼내는 순간 지갑이 열려 동전이 바닥에 떨어지면 남자가 "이런!"이라고 소리친 뒤 몸을 구부려 동전을 주웠다. 이때 버스 정류장에 있는 주변 사람들을 쳐다보지 말라는 지시를 받았다. 연구진은 버스 정류장에 있던 사람들이 실험 참가자가 동전을 줍는 것을 보고 자발적으로 돕는지를 분석했다.

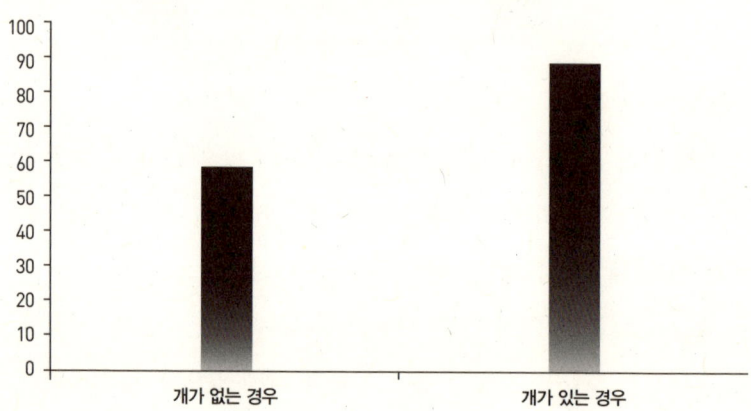

실험 결과 참가자가 개를 데리고 있을 때 사람들은 자발적으로 더 많은 도움을 주었다. 이유가 무엇일까? 연구진은 비슷한 여러 연구를 통해 나타난 결과를 분석해 세 가지 원인을 찾아냈다.

첫째, 개는 실험 참가자에 대한 인식을 변화시킨다. 사람들은 개와 함께 있는 사람, 특히 누가 봐도 순하고 귀여운 개와 함께 있는 사람은 타인을 보살피고 책임감이 강한 좋은 사람이라고 생각한다. 실제로 도움에 관한 많은 연구는 타인에 대해 이런 생각만 생겨도 거의 자동적으로 돕는 행동이 강화된다는 점을 강조해 왔다.

둘째, 개의 존재는 함께 있는 사람에 대한 관심을 증가시킨다.

개를 데리고 있는 사람에 대한 관심이 증가하자 동전이 떨어지면서 이 사람이 받게 되는 불이익에 주목하게 된다. 그러면 도움을 제공할 가능성이 높아진다.

마지막으로 사람들은 실험 참가자가 개의 목줄을 잡고 있어야 하기 때문에 동전을 줍기가 어려울 거라고 판단해서 도움을 제공한다. 어떤 사람이 어려움에 처해 있음을 인식하는 것이 자발적인 도움의 시작인 셈이다.

결론

동물과 함께 있으면 그 사람에 대한 관심이 증가하고, 그가 당할 어려움이나 불이익을 알아차리게 되면서 도움을 주게 된다. 특히 순하게 생긴 강아지는 다른 사람을 돕고 싶은 긍정적인 행동을 더욱 유발시킨다. 그렇기 때문에 공격적이라고 알려진 개와 함께 있을 때는 순해 보이는 개와 함께 있을 때보다 도움의 손길이 줄었다.

까칠한 치와와 주인, 용감한 콜리 주인

견종에 대한 고정관념이 반려인에게 전이되는 현상

인간은 천성적으로 비슷한 것을 좋아한다. 부자들은 부자들끼리 모이고, 가난한 사람들은 가난한 사람들끼리 다니며, 잘생긴 사람들은 잘생긴 사람들끼리 어울린다. 이런 일관성은 당연한 것으로 받아들여지지만 이를 증명할 명백한 논거는 없다. 사회통계학적으로 볼 때 가난한 사람이 부자와 다니지 않는 것이 당연한 것인가? 아니면 못 다니는 것인가? 이렇듯 비슷한 것끼리 모이기를 좋아하는 인간의 성향이 반려동물과의 관계에도 적용될까?

버지 등(1997)은 사람들에게 크기와 종이 다른 개 사진 일곱 장과 서로 다른 종의 고양이 사진 세 장을 보여 주었다. 동시에 나이와 차림새 등이 제각각인 남녀 각각 다섯 명씩의 사진을 보여 주며 사람들에게 동물의 반려인을 찾아보라고 요청했고, 실험 결과는 다음과 같았다.

- 사람들은 남성보다 여성이 고양이를 키우고, 나이가 많은 여성은 보통 고양이보다 페르시안고양이를 키운다고 생각했다.
- 사람들은 남성보다 여성이 소형견을 키운다고 여길 때가 많았다.
- 로트와일러 같은 대형견은 반항적인 차림의 젊은이가 기른다고 생각했다.
- 부농처럼 보이는 옷을 입은 사람은 양치기 개인 보더콜리나 사냥개인 래브라도리트리버의 주인이라고 생각했다.
- 소형견은 특히 노인과 산다고 생각했다.

이 결과는 사람들이 사물을 조합할 때 우연에 의해 결정하지 않았음을 보여 주었다. 사람들은 자신의 생각을 뒷받침할 만한 근거 논리를 찾았다. 그런 다음 확신을 갖고 짝을 지었다. 그런데 그 근거가 되는 것이 고정관념일 가능성이 높고 고정관념은 비슷한 것끼리 짝짓기를 좋아하는 사람들의 성향을 더욱 부추긴다는 점을 실험은 보여 주었다.

어떤 개와 사는지 알려 주면 네가 어떤 사람인지 말해 줄게

사회심리학자들은 오래전부터 어떤 사람에 대한 인식을 변화시키는 데는 그다지 많은 정보가 필요하지 않음을 알고 있었다. 실제로 사진만 보고 판단할 때 어떤 사람의 티셔츠 색깔(Elliot & Niesta, 2008), 넥타이 착용 여부(Green & Giles, 1973), 턱수염(Kenny & Fletcher,

1973)만으로도 그 사람에 대한 인식이 달라지기에 충분했다. 그렇다면 반려동물의 종에 따라 반려인에 대한 인식도 달라질까?

메이 등(2004)은 반려동물을 통해 반려인을 판단하는 실험을 실시했다. 연구진은 참가자들에게 개와 사람이 함께 있는 사진을 여러 장 보여 주며 반려견과 반려인이라고 알려 주었지만 사실 이들은 아무런 관계도 없었다.

개와 사람의 조합은 무작위로 이루어졌다. 실험에 참가한 개는 개의 특성이 분명한 종으로 선택했다. 사람들이 일반적으로 공격적이라고 알고 있는 도베르만, 성격이 까다롭다고 알려진 치와와, 용감하다고 생각하는 콜리가 참여했다. 연구진은 참가자들에게 개와 가짜 반려인을 짝지은 사진을 보여 주면서 반려인의 성격을 추측하도록 했다. 또한 개가 주인을 평가하는 데 얼마나 영향을 미쳤는지 질문했다.

실험 결과 개에게 부여된 특징이 반려인에게 고스란히 나타났다. 도베르만 반려인은 공격적으로 보이고, 치와와 반려인은 까다로울 것 같고, 콜리 반려인은 용감해 보인다는 평가를 받았다. 개가 판단에 영향을 끼쳤는지 물으니 극소수의 참가자만이 개를 고려해서 판단을 내렸다고 밝혔다.

결과를 통해 사람들은 반려견의 특성을 반려인과 쉽게 연관시킨다는 사실을 확인할 수 있었다. 이렇듯 반려견의 특징을 반려인에게 투사하는 방식은 무의식적으로 작동하는 고정관념에서 비롯된다는 사실을 밝히기 위해 메이 등(2004)은 이전 실험과 유사한 두 번째 실험을 수행했다.

연구진은 참가자들에게 개와 사람은 무작위로 짝지어진 것이고, 사진 속 사람은 개를 한 번도 키워 본 적이 없는 사람이라고 명확히 밝히고 사진 속 사람의 성격을 추측하도록 했다. 사람과 개의 조합이 아무 관계도 아님을 알면 사람에 대한 평가도 달라질 것이라고 생각했다. 그런데 놀랍게도 결과는 동일했다. 참가자들은 7.1퍼센트만 실험이 끝났을 때 처음에 연구진이 밝힌 내용을 기억하고 있었다. 아무리 짝지어진 사진 속 사람과 개가 아무 상관이 없다고 밝혀도 사람들은 개에 대한 고정관념을 무의식적으로 작동시켜 이를 근거로 사람을 판단했다.

결론

몇몇 개의 성격에 대해 우리가 생각하는 고정적인 이미지는 반려인에게 그대로 옮겨간다. 요컨대 누군가 도베르만을 키운다면 그를 잘 알지도 못하면서 상냥한 사람은 아닐 것이라고 생각하는 것이다. 하지만 도베르만을 선택한 사람은 그의 아내일 수도, 어렸을 때 키운 견종이라 선택한 것일 수도, 별 생각 없이 선택한 것일 수도 있다. 그런데도 사람들은 견종만 보고 반려인의 특징을 판단한다.

우리는 축구를 좋아하는지, 어떤 게임을 좋아하는지, 집에 친환경 제품을 설치했는지, 어떤 자동차를 모는지에 따라 한 번도 만난 적이 없는 사람에 대해 이러쿵저러쿵 추측한다. 소비하는 집, 차, 제품, 좋아하는 스포츠, 브랜드 등에 대한 정보만으로도 사람의 성격과 특징을 알아내기에 충분하다고 생각하는 것이다. 그런데 이제는 개의 견종 역시 그 대열에 합류하게 되었다.

개 이름은 해피,
비밀 번호는 해피001

아벨과 크루거의 반려동물의 이름에 관한 관례 연구

남자아이 이름과 여자아이 이름은 구별되어야 하나? 실제로 이름은 성별에 따라 음절이나 철자를 달리 사용하는 관례가 있다. 배리와 하퍼(2000)는 서양 이름은 마지막 철자에 성별의 비밀이 있다고 밝혔다. 여자아이 이름은 모음으로 끝나는 경우가 많고, 남자아이 이름은 자음으로 끝나는 경우가 많아 이름만으로 성별을 알 수 있다는 것이다. 또한 여자아이 이름이 남자아이 이름보다 더 길었다. 그런데 이런 경향은 반려동물 이름을 지을 때도 나타난다.

아벨과 크루거(2007)는 골든리트리버 암컷과 수컷 수백 마리의 이름을 분석했다. 연구진은 사람 이름을 분석해서 남자 이름에 많이 쓰이는 철자는 남성 어미로, 여자 이름에 많이 쓰이는 철자는 여성 어미로 규정했다.

분석 결과 수컷은 M, N, K, S 등의 남성 어미로 많이 끝났고, 여성 어미를 쓰는 이름은 16퍼센트에 불과했다. 반면 암컷은 대부분 A, E, I 같은 여성 어미로 끝났고, 남성 어미를 쓰는 이름은 18퍼센트였다. Y, H 같은 혼성 어미 문자로 이름이 끝나는 경우는 30퍼센트 정도였다.

또한 사람 이름과 마찬가지로 암컷 이름이 1.99음절로 1.84음절인 수컷 이름보다 더 길었으며, 단음절 이름도 수컷이 16.6퍼센트로 암컷 6.3퍼센트보다 월등히 많았다. 따라서 개 이름의 구조도 사람 성별의 원칙과 같았다. 반려인의 경우 개를 자식처럼 여기는 경우가 많아 개 이름에도 이와 같은 경향이 나타나는 것으로 보인다.

반려동물 이름의 정서적인 특성을 연구한 연구자도 있다. 신시아 휘셀(2006)은 사람들이 사용하는 단어와 고유명사의 소리에 담긴 정서적 내용을 분석한 분석 모형을 개발했는데, 어떤 단어는 발음상의 특징으로 다른 단어보다 감정적으로 더 풍부한 내용을 담았다. 신시아는 이런 차이가 개와 고양이 이름에도 존재하는지 알아보기 위해 개와 고양이 이름 수천 개를 자신이 만든 분석 모형을 바탕으로 검토했다.

분석 결과 고양이 이름이 개 이름보다 더 감성적이고 발음도 더 쉬웠다. 이는 남성과 여성의 이름을 비교할 때와 같은 결과였다. 남성보다 여성 이름이 더 감성적이었다. 이는 사람이 개보다 고양이에게 더 정서적이고 감정적인 것을 느끼고 바란다는 것을 보여주는 결과라고 할 수 있다.

실제로 인간과 고양이의 상호작용은 개와의 상호작용보다 더 다정하고 부드럽고 친밀하다. 고양이는 잠을 잘 때 쓰다듬거나 품 속에 안고 자는 등의 접촉이 많지만 개와는 함께 산책하는 등의 상호작용이 더 많다. 따라서 반려동물에게 추구하는 상호작용의 종류에 따라 개와 고양이의 이름에 차이가 난다고 볼 수 있다.

반려동물과 비밀 번호

컴퓨터나 인터넷 보안을 원한다면 'H51HO3T'식의 숫자와 문자가 맥락 없이 혼합된 비밀 번호를 사용하는 편이 좋다. 하지만 사람들이 가장 많이 쓰는 비밀 번호는 자녀 이름의 일부 또는 전체가 들어 있어 제3자가 알아내기 쉽다. 그렇다면 반려동물의 이름을 비밀 번호로 사용하는 것은 어떨까? 자녀 이름보다는 덜 위험하지 않을까?

해리스(1998)는 반려인이 비밀 번호를 만들 때 반려동물의 이름을 사용할 가능성에 대해 연구했다. 연구 결과 개 이름보다는 고양이 이름이 비밀 번호로 많이 사용되었고, 남자보다 여자가 반려동물의 이름을 비밀 번호로 더 많이 사용했다. 반려동물이 반려인에게 의미가 클수록 비밀 번호로 사용하는 확률이 높았다.

이런 현상에 대해 해리스는 반려동물의 이름이 기억하기 쉽다는 편의성만은 아니라고 밝혔다. 해리스는 컴퓨터와 반려동물, 특히 컴퓨터와 고양이 사이에 공통점이 많음을 알아냈다. 컴퓨터와 고양이는 모두 사람이 털어놓는 이야기를 다 들어주지만 입이 무거워 비밀을 잘 지키고, 질문도 하지 않고, 사람을 판단하지도 않고, 아프거나 고장났을 때를 제외하면 사람에게 헌신적으로 최선을 다한다는 공통점이 있다고 밝혔다.

결론

인간과 반려동물의 관계는 가족과 같다. 그러다 보니 이름을 지을 때도 자녀 이름을 지을 때와 같은 규칙이 나타났다. 이는 자녀 이름을 지을 때처럼 반려동물 이름을 지을 때도 심사숙고한다는 증거이다. 또한 컴퓨터 비밀 번호에 자녀의 이름을 이용하듯이 반려동물의 이름도 이용한다. 이 또한 사람에게 반려동물이 어떤 위치인지를 보여 주는 것이라고 할 수 있다.

 랄랄랄랄라~, 출근길이 즐거워

웰스와 페린의 반려동물과 출근하는 직장인 효과 연구

반려동물과 함께 출근해서 회사 생활을 해도 되는 회사가 세계적으로 점점 늘고 있다. 물론 아프리카코끼리나 벵갈호랑이는 출입 금지지만! 이런 사회 현상을 접한 전문가들은 반려동물과 함께 출근하면 노동자의 심리와 업무에 어떤 영향을 끼치는지가 궁금했다.

켄터키 대학교의 심리학자인 메러디스 웰스와 로즈 페린(2001)은 반려동물과 함께 출근하는 31곳의 회사 직원 193명을 대상으로 조사했다. 일터에 반려동물을 데려와도 된다고 허용한 켄터키 주 렉싱턴의 회사는 도매 전문 회사, 공장, 용역 회사, 라디오 방송국 등 다양했다. 참가자의 90퍼센트는 하루 종일 일하는 전일제 직원으로 절반가량은 개를 데려왔고 나머지 절반은 고양이를 데려왔다.

직장에 반려동물을 데려오면 업무 스트레스가 감소하고, 직원의 건강과 업무 효율에도 긍정적인 효과가 있음은 이미 웰스가 이전의 연구에서 입증한 바 있다. 회사원들에게 회사에서 자신만의 공간을 만드는 일은 중요하다. 그래서 사람들은 사진이나 화분, 그림 같은 다양한 물건으로 책상을 꾸민다. 이런 행동이 마음을 편안하게 하고 직장에 대한 만족도를 높이며, 직원들의 사기를 높이기 때문이다. 거기에 반려동물까지 함께 있다니!

연구진은 직원용과 회사 고객용 두 가지로 설문지를 준비했다. 설문은 반려동물과 함께 있는 시간, 일하는 동안 반려동물을 쓰다듬어 주는 횟수, 이로 인해 달라진 점 등에 대해 묻는 객관식·주관식 질문으로 이루어졌다. 연구진은 회사원들이 직장에 반려동물을 데려오는 것이 개인적으로 어떤 의미가 있는지, 동료나 상사와의 관계에 영향을 끼치는지, 고객과 상담할 때 사회적 윤활제 구실을 하는지도 알아보고자 했다. 그리고 마지막으로 그렇게 함으로써 업무상의 스트레스가 줄어들면서 건강이 증진되는지에 대해서도 관심을 가졌다.

설문 결과 많은 사실이 밝혀졌다. 일단 회사에 반려동물을 데려오자는 의견을 낸 사람 중 86퍼센트가 반려동물을 키우는 직원이었다. 다시 말해 내가 지금 다니는 회사에 반려동물과 함께 출퇴근하며 일하고 싶다면 직접 제안해 보라는 것이다. 그런데 반려동물과 출퇴근이 허용된 회사에 반려동물을 데려온 직원은 14퍼센트로 의외로 소수였다. 23퍼센트는 동물을 키우지 않았지만 반려동물을 키우는 사람 중에서도 63퍼센트나 되는 사람이 동물을 집에 두고

왔다. 그리고 동물과 함께 출근한 사람 중 66퍼센트 이상이 부장 이상의 간부급이었다.

반려동물을 데려온 회사원은 직장에서 반려동물을 쓰다듬어 줄 수 있어 몹시 만족하며, 동물이 자신들의 스트레스를 줄여 주는 능력이 있다고 밝혔다. 50퍼센트에 가까운 사람이 반려동물 덕분에 고객이 회사에 대해 좋은 이미지를 갖게 되어 업무상 관계가 편해졌다고 대답했다. 재미있는 결과는 개를 데려와 업무에 도움이 된다고 말한 응답자는 34퍼센트인 반면 고양이가 도움이 되었다고 말한 응답자는 15퍼센트에 불과했다.

조사 대상자의 대다수가 일터에 반려동물을 데려오는 것이 자신의 건강에 도움이 되고, 동물 덕분에 회사가 더 친근하고 유쾌하게 느껴진다고 여겼다. 동물을 데려와 불편한 점이 있는지를 묻는 질문에는 55퍼센트가 없다고 밝혔다. 응답자들이 불편하다고 지적한 것은 카펫에 털이 붙고 날리는 것, 개를 밖으로 데리고 나가 용변을 보게 하는 것 등이었다.

응답자들은 고객을 대하는 업무에 동물이 함께 있는 것이 도움이 된다고 밝혔다. 동물이 고객을 즐겁게 해 주면서 고객과 직원 사이의 긴장을 풀어 준다는 것이다. 고객들도 동물 때문에 불편을 느끼지 못했다는 사람이 과반수를 넘었다. 불편하다고 대답한 고객은 원래 동물을 무서워하는 사람이거나 털이 날리는 것을 싫어하는 사람이었다. 4퍼센트의 고객은 동물을 회사에 데려오는 것이 사회 통념과 맞지 않다고 지적하기도 했다.

결론

반려동물과 함께 출퇴근하는 것이 직원의 업무 효율과 건강에 상당히 긍정적인 영향을 끼친다는 것이 입증되었다. 연구에 동참한 회사는 대부분 직원이 열 명 미만인 작은 회사였으니 직원의 수가 적은 회사에 다닌다면 이 방법을 시도해 보면 어떨까? 회사에 한 번 건의해 보자. 어쨌든 반려동물과 출근하는 것을 허용하는 것이 회사로 출근하는 직장인의 발걸음을 퇴근할 때만큼 가볍게 만드는 방법 중 하나임에는 분명하다.

2장 인간의 폭력성 vs. 동물의 공격성

사람들은 무는 개를 무서워한다. 과연 공격적인 개는 선천적으로 그렇게 사나운 것일까? 특정 견종에 대해 사람들이 고정관념을 만든 것은 아닐까? 아니면 폭력적인 사람들이 필요에 의해 그렇게 교육시킨 것은 아닐까? 동물을 학대하고 가정 폭력을 일삼는 사람들은 반려동물을 어떻게 대할까? 동물은 인간의 폭력성에 어떤 영향을 끼칠까? 인간의 폭력성과 동물의 공격성 그리고 그 상관관계에 대해 알아본다.

동물 학대는 인간 학대로 이어진다?
라이트와 탈리쳇의 연쇄살인범의 동물 학대 연구

동물 학대에는 때리는 경우 등의 직접적인 학대와 제대로 보살피지 않고 죽어가게 방치하는 등의 간접적인 학대가 있다. 어떤 경우든 학대자는 동물을 괴롭히며 쾌락을 얻는다. 또한 학대의 범주에는 동물이 고통스러워하는 모습을 보거나 누군가가 동물을 괴롭히는 모습을 볼 때 감정적으로 어떤 동요도 없는 경우를 포함한다. 다른 존재의 고통을 공감하지 못하는 것 또한 학대의 범주에 넣는 것이다.

심리학자, 사법기관, 유아교육이나 특수교육 종사자, 교정기관 종사자가 다른 존재의 고통을 공감하지 못하는 사람에게 관심을 갖는 이유는 이것이 공격적이고 잔인한 행동의 원인인 경우가 많기 때문이다. 특히 동물을 대상으로 잔인하게 구는 아이의 경우 정서장애를 겪는 경우가 많고, 이런 아이가 어른이 되었을 때 사람을 상대로 동일한 행위를 저지를 위험이 높다는 것이 밝혀졌다.

폭력적인 환경은 폭력을 부추긴다

대체로 남자아이들이 여자아이들보다 싸움을 좋아하고 폭력적인 놀이를 즐기는데, 동물을 상대로 한 폭력적이고 잔인한 행동에도 남자아이와 여자아이 사이에 비슷한 차이점이 나타났다.

발드리(2003)는 9~17세의 이탈리아 아동 및 청소년 1,396명을 대상으로 조사했다. 조사 대상 중 82퍼센트에 달하는 응답자가 반려동물과 살고 있었으며, 이들을 대상으로 동물을 학대했는지 가족 중에 이런 행위를 하는 사람이 있는지를 조사했다.

그 결과 남자아이들이 모든 항목에서 동물을 상대로 잔인하고 폭력적인 행동을 더 많이 한 것으로 밝혀졌다. 동물을 귀찮게 하는 행동의 경우 여자아이가 20.6퍼센트인 반면 남자아이는 46.8퍼센트였다. 동물을 때리는 행동은 여자아이가 9퍼센트, 남자아이가 18퍼센트였다. 또한 고양이의 꼬리나 피부를 세게 잡아당기는 등 고통을 주는 행동을 한 경우는 여자아이가 7.4퍼센트, 남자아이가 29.7퍼센트로 남자아이가 여자아이보다 동물을 못살게 구는 성향을 더 많이 보였다.

연구진은 이와 같은 결과는 남자아이가 이런 행동을 했을 때 어른들이 너그럽게 반응했기 때문이라고 보았다. 예를 들어 남자아이가 막대기를 휘두르다 옆에 있는 개를 때렸을 때 야단치지 않고 오히려 남자답다고 반응하는 경우가 많다. 따라서 전문가들은 남자아이에게도 여자아이에게 하는 것과 똑같이 왜 그런 행동이 문제가 되는지를 이야기하고, 따끔하게 혼을 내거나 벌을 주어야 한다고 지적한다. 이유 없이 폭력을 행사하는 이런 행동이 근거 없는 폭력성과 잔인성을 표출하는 첫 단계기 때문이다. 따라서 특히 어린 남자아이에게 더 주의를 기울여야 한다.

마찬가지로 가족 안에서 폭력을 배우는 경향도 드러났다. 발드리는 연구 대상자인 아동과 청소년들에게 가정에서 부모의 폭력에 노출된 적이 있는지를 물었다. 뺨을 때리는 등의 신체 폭력은 물론 모욕적인 말을 하는 언어 폭력, 위협하는 감정 폭력 등을 모두 포함했고, 폭력의 빈도와 강도도 측정했다. 또한 가족 폭력과 같은 방법으로 또래 집단의 폭력 행위에 대해서도 조사했다.

결과적으로 폭력 행위를 목격한 것과 자신이 폭력 행위를 저지르는 것 사이에는 연관이 있음이 드러났다. 폭력 행위를 자주 목격한 아이일수록 스스로 폭력을 많이 행사했다. 하지만 영향력에는 차이가 있었는데 부모가 동물을 대상으로 폭력을 행사하는 것을 볼 때보다 또래 친구의 폭력 행동을 볼 때 더 큰 영향을 받았다. 이 결과는 아이의 행동에 부모가 영향을 끼치지만 동물을 괴롭히는 행동을 할 때는 '또래 집단'의 영향력이 더 큼을 보여 주었다. 그러므로 아이, 특히 남자아이가 또래와 어떤 놀이, 어떤 행동을 하며 시간을 보내는지 잘 지켜보아야 한다.

도시 학대범 vs. 시골 학대범

연구를 통해 동물을 대상으로 한 학대와 가혹 행위의 경우 부모나 또래 집단이 영향을 끼친다는 것이 밝혀졌다. 그런데 도시와 시골, 어디에 거주하느냐에 따라 영향을 끼치는 대상이 달라질 수 있다. 탈리쳇과 헨슬리(2005)는 미국 수감자를 대상으로 하여 동물에게 저지른 폭력 행위에 대해 조사했다. 조사 결과 시골에서 자란 수감자의 경우 전적으로 가족의 영향을 받는 반면, 도시에서는 친구의 영향을 더 많이 받았다. 또한 도시에서는 개와 고양이, 비둘기 등이 학대 대상이 되었는데 시골에서는 유독 고양이가 학대범의 주된 목표였다.

잔인한 성격이 따로 있을까?

동물 학대를 하는 성격이 따로 있을까? 대즈 등(2006)은 평균 연령 10세의 아동과 그들의 부모를 대상으로 연구를 수행했다. 연구진은 아동의 성격, 인성 및 동물에 대해 잔인한 행동을 했는지에 대해 조사했다. 아이의 인성과 성격 평가는 아이 스스로 하는 평가와 가족 구성원의 평가를 모두 고려했다.

그 결과 감정적으로 냉혹하고 무감각하며 자신의 행동을 상황이나 다른 사람 탓으로 돌리는 등 문제의 원인을 외부에서 찾으려는 경향을 띠는 아이들이 동물을 더 괴롭히고 잔인한 행동을 할 가능성이 더 높은 것으로 나타났다.

리그던과 타피아(1977)도 동물을 심하게 괴롭히는 18명의 아이(전부 남자아이)를 조사했다. 조사 결과 아이들은 감정 조절에 문제가 있었고, 또래 집단에서 독단적인 행동을 하며, 물건을 부수는 경향을 보였고 거짓말로 상황을 모면하려는 성향을 띠는 비율이 높았다.

동물 학대범은 인간 학대범이 될까?

　동물을 상대로 폭력을 저지르는 일이 동물에게만 머문다면 사람들이 동물 학대에 지금처럼 관심을 기울이지는 않았을 것이다. 하지만 불행하게도 동물 학대가 인간 학대의 시발점이 될 수 있다는 연구 결과가 있다. 지금 동물을 괴롭히는 아이가 내일은 잔인한 범죄자가 될 수 있다는 말이다.

　메르츠-페레즈 등(2001)은 살인, 살인미수, 강간 등 사람을 상대로 폭력을 행사해 감옥에 수감된 사람과 사기, 매수, 단순절도 등 물리적인 폭력을 가하지 않은 수감자를 대상으로 동물을 상대로 한 폭력에 대해 연구했는데, 두 집단의 나이, 민족, 교육 수준 등 인구통계학적 요인은 거의 유사했다. 연구진은 수감자들에게 어린 시절 동물을 상대로 저지른 이유 없는 폭력에 대해 물었다. 대상 동물은 반려동물, 유기동물, 가축, 야생동물, 모든 동물로 구분했다.

범죄 유형에 따른 동물 학대 빈도

대상 동물	살인, 살인미수, 강간 등을 저지른 범죄자	사기, 매수, 단순절도 등을 저지른 범죄자
야생동물	29%	13%
가축	14%	2%
반려동물	26%	7%
유기동물	11%	0%
모든 동물	56%	20%

　조사 결과 살인, 강간 등 사람을 상대로 물리적인 폭력을 저지르

고 수감된 범죄자가 그렇지 않은 범죄자에 비해 어린 시절 동물 학대를 저지른 비율이 거의 3배 이상 높게 나타났다. 특히 상대적으로 약한 유기동물에 대한 폭력의 경우는 그 차이가 가장 컸다.

이렇듯 유년 시절의 동물 학대와 어른이 된 이후의 폭력 성향 사이의 관계는 여러 연구를 통해 거듭 확인되었다(Kellert & Felthous, 1985; Tallichet & Hensley, 2009). 동물학대자의 특징을 자세히 연구하면 이와 같은 연관성은 더 깊어진다.

레슬러 등(1998)은 윤락여성 살해, 강간살해 등을 저지른 성범죄자들의 사례 28건을 분석했다. 분석 결과에 따르면 성범죄자 중 어린 시절에 동물을 학대한 경우는 36퍼센트, 청소년기에 잔인한 성격을 보인 경우는 46퍼센트, 어른이 되어서도 동물 학대를 계속한 경우는 36퍼센트였다. 베를린덴(2000)은 미국 학교에서 총기 살인을 저지른 사람의 사례 11건을 조사해 이들 중 다섯 명(45퍼센트)이 유년 시절에 동물을 대상으로 잔혹 행위를 저질렀다는 사실을 확인했다.

라이트와 탈리쳇(2003)은 연쇄살인범을 대상으로 한 조사를 통해 동물 학대와 인간 학대 사이의 유사성을 발견했다. 연쇄살인범들은 어린 시절부터 동물을 학대하는데 자라면서 점점 더 잔혹한 행동을 저질렀다. 잔혹함이 심화되는 것이다. 그런데 이런 현상이 사람을 대상으로 할 때도 되풀이되었다. 어른이 되고 힘이 생길수록 사람을 괴롭히는 수법이 잔혹해져서 피해자가 받는 고통도 그만큼 커짐을 볼 수 있다.

이 외에도 동물 학대 행위의 반복이 인간 학대의 심각한 징후가 된다는 사실도 밝혀졌다.

탈리쳇과 헨슬리(2005)는 어린 시절 잔혹 행위를 반복하는 행위는 어른이 된 후에 범죄자가 될 징후가 될 수 있다고 밝혔다. 특히 어린 나이에 재미로 동물을 괴롭히기 시작해 청소년기에 습관적으로 동물 학대를 계속하는 것이 가장 나쁜 징후다. 또한 동물을 괴롭히는 수준이 개나 고양이를 불태워 죽이는 정도가 되면 어른이 되었을 때 인간을 상대로 폭력을 저지를 수 있는 가장 나쁜 징후라 할 수 있다(Hensley & Tallichet, 2009a, 2009b).

어린 시절에 단지 재미로 동물을 학대한 아이들도 성인이 되어서 사람을 상대로 폭력을 행사할 가능성이 높다. 하지만 단지 다른 사람을 따라한 집단 모방의 경우, 불안감의 표현으로 동물을 괴롭힌 경우, 동물을 좋아하지 않기 때문에 동물을 괴롭힌 경우는 이에 해당되지 않았다(Hensley & Tallichet, 2008).

결론

아이들의 동물 학대 행동을 대수롭지 않게 여겨서는 안 된다. 이는 어른이 되었을 때 발생할지도 모르는 심각한 폭력 문제를 예고하는 뚜렷한 요인일 수 있기 때문이다. 물론 아이들의 행동을 분석하여 추후에 문제가 발생할 위험이 있는지를 평가하는 연구는 민감한 문제다. 결정론으로 비쳐질 수 있고 여론이 민감하게 반응하기 때문이다. 그것이 두려워 연구자들은 이런 작업을 하지 않으려고 하는 것이 현실이다.

물론 통계 자료를 보며 단순하게 추론하는 것은 위험하다. 하지만 유년 시절의 동물 학대가 성인이 되었을 때의 범죄와 깊은 연관성이 있다는 연구가 지속적으로 발표되고 있는 상황에서 이를 무시할 수는 없다. 동물 학대가 일찍부터 관찰되고 반복되며 지속될 때 어떻게 대응해야 하는지 자문해 봐야 한다.

이 분야의 참고 문헌을 종합해 보면 사람들이 폭력과 잔인함을 배우며, 다른 단계를 습득할 때 동물이 매개 구실을 한다는 사실을 알 수 있다. 따라서 문제가 있는 아이들을 지도하는 전문가들은 가족과 또래 집단에게 아이가 동물 학대 행위를 했는지를 알아보는 것이 바람직하다.

동물을 상대로 이유 없이 폭력을 저지르고 이를 반복하다 보면 잔혹함으로 발전하고 어른이 되어 사회적으로 심각한 문제를 일으키는 사람이 될 수도 있기 때문이다.

개를 때리는 남자는 아내도 자녀도 때린다

드게와 디릴로의 가정 폭력의 지표 구실을 하는 동물 학대에 관한 연구

동물 학대를 저지르는 아이들에게 부모가 끼치는 영향은 매우 크다. 부모의 동물 학대가 아이의 폭력 성향에 영향을 끼치고, 동물 학대는 가정 폭력으로 이어지기도 한다. 여성과 아이를 대상으로 하는 가정 폭력은 일회적이지 않고 지속적이며 여러 형태의 폭력으로 나타난다. 따라서 동물을 학대하는 부모가 있다면 가정에서의 다른 형태의 폭력도 의심해 봐야 한다.

개를 때리는 남자가 아내도 때린다

각종 연구에서 일관적으로 나오는 결론은 동물 폭력과 부부 폭력의 연관성이다. 오스트레일리아의 볼란트 등(2008)은 가정폭력보호센터의 여성과 인구통계학적으로 동일한 범주에 속하지만 가정 폭력을 겪지 않는 여성을 비교했다. 이들은 개별 면담을 바탕으로 남편(동거남 포함)이 반려동물에게 행한 잔혹 행위에 대해 연구했다. 또한 자신의 말을 듣지 않으면 "고양이를 죽여 버릴 거야."라는 식으로 위협하는지, 자녀가 이유 없이 동물 학대를 하는지도 조사했다.

연구 결과는 시사하는 바가 컸다. 부인을 때리는 남자가 동물을 학대하는 경우가 그렇지 않은 남자보다 5배나 많았다. 마찬가지로 부인을 때리는 남자가 함께 사는 반려동물을 해치겠다고 협박하는 경우가 훨씬 더 많다는 사실도 밝혀졌다. 또한 아내와 반려동물에게 폭력적인 남성에게서 태어난 아이가 동물을 괴롭히는 경우가 훨씬 더 많다는 사실도 드러났다.

배우자에게 폭력적인 남편이 그렇지 않은 남편에 비해 동물에게 더 잔인할 뿐만 아니라 훨씬 더 치밀한 폭력을 행사한다는 사실을 보여 준다는 연구 결과도 있다. 시먼스와 레만(2007)은 개·고양이 등 반려동물과 함께 살다가 부부 폭력을 피해 쉼터에 온 여성 1,283명에게 질문했다. 남자가 반려동물에게 폭력을 가했는지, 폭력의 종류가 어떠했는지, 부부 폭력 행위가 비난, 외모 및 능력 비하, 따귀 때리기, 발길질, 물어뜯기, 강간 등 84가지 범주 중에서 어느 영역에 해당하는지 질문했다.

그 결과 반려동물을 학대한 남자들은 그렇지 않은 남자보다 아내에게 훨씬 더 심각하고 다양한 폭력을 빈번하게 사용한 것이 확인되었다. 예를 들어 반려동물을 주저 없이 죽인 남자들은 모두 아내나 동거녀를 강간했다. 또한 동물을 괴롭히는 남자들은 부인을 통제하는 방법으로 카드 및 통장 압수, 감금 등도 자주 사용했다.

이 외에도 여러 연구에서 아내를 상대로 폭력을 행사하는 남편과 동물 학대 사이의 연관성이 명백히 밝혀졌다. 그런데 특이한 것은 반려동물 폭력이 아내를 상대로 하는 폭력의 신호가 되기도 하지만 반려동물이 가정을 떠나려는 아내의 발목을 잡는 걸림돌이 되기도 한다는 것이다. 페이버와 스트랜드(2003)는 부부 폭력을 겪는 여성의 상당수가 반려동물이 있을 경우 가정을 쉽게 떠나지 못한다는 사실을 밝혀냈다. 여성들은 자신이 집을 떠나면 남편이 반려동물에게 폭력으로 앙갚음한다는 것을 알기 때문에 집을 떠나지 못했다.

폭력이 빈번하게 일어나는 집안 분위기에서 반려동물은 여성의 생활을 돕는 심리적 지지자 역할을 하기 때문에(Flynn, 2000) 가정을 떠나기가 더 어렵다. 실제로 동일한 사람에게서 학대를 받는 피해자 사이에는 '지지' 관계라는 것이 형성되는데, 이런 경우 여성과 반려동물 사이에 그런 지지 관계가 형성되는 것이다. 그래서 학대받는 여성들은 반려동물마저 없으면 새로운 생활에 적응하지 못할 것이라는 두려움을 느낀다. 코갠 등(2004)은 가정폭력보호센터가 피해 여성뿐만 아니라 반려동물도 함께 받아들이는 시스템을 만들고 그 수를 늘린다면 더 많은 여성이 폭력적인 가정을 떠나 새로운 삶을 찾을 수 있을 것이라고 밝혔다.

동물 학대와 자녀에 대한 성적 학대의 연관성

반려동물 학대는 부부 폭력의 징후이기만 한 것은 아니다. 반려동물 학대는 자녀에게 가하는 폭력의 징후이기도 하다. 반려동물과 함께 사는 경우 부모가 동물을 어떻게 대하는지를 관찰하면 부모의 자녀 학대를 예측할 수 있다. 실제로 가족 내에서의 성적 학대도 동물 학대와 연관이 있는 것으로 나타났다.

아시온(1994)은 아버지나 계부에게 성적 학대를 당한 2~12세 남녀 아동을 대상으로 부모, 계모, 계부, 형제자매 등 가족 중 동물을 학대하는 사람이 있는지를 조사했다. 성적 학대가 없는 가족에게도 동일한 질문을 했다.

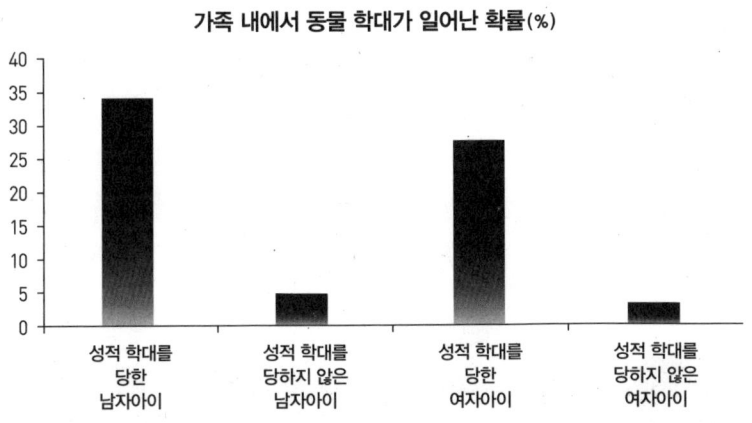

연구 결과 부모의 동물 학대와 자녀에 대한 성적 학대 사이에는 남자아이와 여자아이 상관없이 밀접한 관련이 있음이 확인되었다. 이 연구는 1994년에 이루어졌는데 여전히 현실성을 띤다는 것이 안타깝다. 드게와 디릴로(2009)의 최근 연구에서도 동물 학대가 가정 폭력의 지표 구실을 한다는 점을 확인했다. 청소년을 대상으로 한 이 연구에서는 경험한 폭력의 유형에 따라 동물 학대에 노출된 비율이 다르다는 것도 밝혀졌다.

가정 폭력의 유형에 따른 동물 학대 노출 빈도

가정 폭력의 유형	가족 내 동물 학대 노출 빈도(%)
가정 폭력을 경험하지 않은 청소년	19.1%
가족 내 성적 학대를 경험한 청소년	27.7%
부부 폭력을 경험한 청소년	28.3%
부부 폭력 + 성적 학대를 경험한 청소년	31.4%
살인미수 등 중대한 폭력을 경험한 청소년	33.0%

연구 결과 청소년이 경험한 가정 폭력의 수준이 높을수록 가정 내 동물 학대 노출 빈도가 높은 것으로 나타났다. 또한 추가로 수행한 연구에서는 신체적 고문이나 단순한 쾌락을 위해 동물을 죽이는 등 가족 내 동물 학대 수준이 심각할수록 가정 폭력 또한 심해지는 등 둘 사이에 연관성이 크다는 사실이 드러났다.

결론

많은 연구를 통해 동물 학대와 가정 폭력은 깊은 연관이 있음이 밝혀졌다. 동물을 대상으로 한 학대 행위는 가족 등 주변 사람에게 같은 행동을 할 수 있다는 지표가 되는 것이다. 따라서 범죄심리학자 등의 전문가들은 범죄와 관련된 연구 작업을 할 때 그동안 누락되었던 동물 학대에 대한 조사를 반드시 포함시켜야 한다. 연구에서 밝혀졌듯이 동물 학대 여부에 따라 남편이나 아버지의 폭력성과 위험성을 판단할 수 있기 때문이다. 일어날지 모르는 폭력을 미리 대비해서 한 개인의 삶에 생길 비극적인 상황을 피할 수 있다면 그보다 의미 있는 일은 없을 것이다.

고마워, 너 덕분에 자살을 피했어!

피츠제럴드의 반려동물이 가정 폭력 피해 여성에게 끼치는 영향 연구

삶에서 중대한 문제가 생겼을 때 반려동물이 큰 의지가 됨을 반려인들은 잘 알고 있다. 하지만 인정하지 않는 사람도 많은데 최근 전문가들이 이 문제에 집중하기 시작했다. 피츠제럴드 등은 '개나 고양이의 존재가 가정 폭력 피해 여성에게 끼치는 영향'을 연구했다. 그들은 가정 폭력 피해 여성과의 면담을 통해 반려동물이 피해 여성의 심리적 고통을 치유한다는 사실을 밝혀냈다.

몰리와 푸크(2005)는 반려동물이 가정 폭력을 당한 사람들에게 어떤 도움을 주는지를 세 분야로 나눠 조사했다.

- 신체 건강상의 도움
- 정신 건강상의 도움(특히 감정적인 면에서)

■ 사회적 관계의 도움(특히 다른 사람과의 상호작용 및 책임감 증가면에서)

도움의 종류를 앞의 세 가지로 나눠 조사한 결과 가정 폭력으로 인해 사회적으로 고립된 여성들은 반려동물을 통해 정신 건강과 사회적 관계의 도움을 많이 받았다. 반려동물은 심리적으로 의지가 된다. 신뢰의 원천이 되고, 스트레스를 완화시켜 주며, 우울증과 불안을 줄여 주는 역할을 하기 때문이다.

학대를 받는 여성들은 남편이나 애인의 폭력에 시달리면서 대부분 사회적으로도 소외된 여성이었다. 이들은 다른 여성보다 자살 위험이 높은데 스타크와 플릿크래프트(1996)의 연구에 따르면 자살 시도를 하는 여성의 80퍼센트가 강간을 당하거나 폭력으로 피해를 입은 여성이었다. 이는 골딩(1999), 데브라 등(2006)의 연구에서도 확인된다.

피츠제럴드(2007)는 잡지에 폭력 피해 여성에 대한 연구를 기고했다. 그녀는 캐나다의 가정폭력피해여성쉼터에서 생활하는 여성 26명을 대상으로 8개월에 걸쳐 설문을 진행했다. 이 연구의 참여 기준은 '남편, 애인에게 폭력을 당할 때 반려동물과 함께 살았던 여성'이었다. 참여 여성의 평균 나이는 37세, 두 아이를 둔 엄마인 경우가 많았다. 대부분 개, 고양이와 살았지만 드물게 물고기, 토끼, 햄스터, 친칠라, 도마뱀과 살았고, 특이하게 쥐를 키운 경우도 있었다.

이들은 모두 남편이나 애인의 폭력에 시달리거나 강간을 당하고 언어적 공격과 경제적·심리적 압박도 받았다. 이들의 남편이나 애인은 동물에게도 폭력적인 성향을 보일 때가 많았고(44쪽의 '동물 학대는 인간 학대로 이어진다?' 참조) 동물을 죽여 버리겠다고 위협하기도 했다.

피츠제럴드는 가정 폭력을 당한 여성에게 반려동물이 중요한 역할을 했음을 발견했다. 여성들은 폭력적인 힘든 삶 속에서도 그 순간을 견디고 살아남아 반려동물과 함께 살고 싶다는 희망을 갖고 있었다. 반려동물이 폭력 여성에게 살아갈 이유도 되어 주고, 꿈꾸는 행복한 미래의 동반자도 되어 준 것이다.

연구에 참여했던 이베트는 다음과 같이 밝혔다.

"개가 얼마나 든든한 지원자가 되어 주었는지 몰라요. 항상 개에게 얼마나 힘든지 얘기했어요. 개가 없었더라면 내가 느낀 그 모든 감정을 도저히 표현하지 못했을 거예요. 추운 날 집 안에 있지 못하고 밖에 나가 개 옆에 몇 시간 동안 앉아 있기도 했어요. 그렇게 하는 것만으로도 위안이 되었죠. 추운 줄도 몰랐어요. 남편 같았으면 '입 닥쳐, 당신 말은 듣고 싶지도 않으니까 앓는 소리는 집어치워!'라고 했을 텐데 개는 내 걱정을 해 주는 것 같았어요."

또 다른 폭력 피해 여성인 에밀리는 이렇게 털어놓았다.

"암에 걸렸을 때 우울증을 앓았어요. 병원에 입원해야 했는데 그때 몰래 고양이를 데려갔죠. 그러고는 침대 이불 밑에 숨겨 두었어요. 프로작(우울증 치료제) 때문에 늘 졸음이 쏟아졌지만 나한테 다가와서 마치 '괜찮아요. 어서 자요. 내가 언제든 같이 있어 줄게요.'라고 말하는 듯한 고양이만 봐도 위로가 되었어요. 고양이가 날 보호하고 도와주려고 한다는 느낌이 들었거든요. 우린 눈빛만 봐도 서로 마음이 통하는 사이였으니까요."

지나는 남편과 싸울 때마다 개에게만 친구처럼 속마음을 털어놓았다. 덕분에 남편과 직접 맞서는 위험한 상황은 피할 수 있었다.
"남편에게는 아무 말도 하지 않았어요. 개한테만 했죠. 사람한테 말하듯이 개한테 말을 하는 건데 그게 제게 큰 도움이 되었죠."
여성들은 남자들의 폭력을 견뎌야 할 때 반려동물이 의지가 되었다고 강조했다. 동물 덕분에 지옥 같은 상황이 어느 정도 참을 만했다는 것이다. 바네사는 반려동물 때문에 집으로 돌아간 경우다. 아마도 반려동물이 집에 없었다면 계속 밖에서 떠돌았을 것이다.
피츠제럴드는 이처럼 동물과의 관계가 가정 폭력 피해 여성들에게 일시적으로 학대의 충격을 완화시켜 주는 역할을 한다는 사실을 확인했다. 또한 동물은 남성들의 물리적인 폭력으로부터 여성들과 아이들을 보호하는 역할을 하기도 한다. 남편이나 애인이 폭력적인 성향을 드러내며 여성들이나 아이들을 때리려고 할 때 개가 짖으며 달려들거나 고양이가 이를 드러내며 '하악' 거리는 경우가 많았다. 동물들은 폭력을 행사하는 사람과 피해자 사이에 끼여들어 폭력을 막으려고 했고, 심지어 남자를 공격한 경우도 있었다.
여성들은 무엇보다 반려동물을 통해 정서적인 위안을 얻었다고 했다. 많은 여성들은 오로지 반려동물을 통해서만 자신의 감정을 표현할 수 있었다고 했고, 때로는 고양이가 남편보다 더 자신에게 충실했다고 털어놓았다. 이 외에도 모든 여성이 자신이 슬플 때 반려동물이 큰 위안을 주었다고 이야기했다. 폭력적인 상황이 일어난 후 반려동물과 함께 보내는 시간이 자신들의 감정을 치유하는 데 얼마나 도움이 되었는지, 덕분에 기분이 얼마나 빠르게 나아졌는지를 알려주었다. 반려동물은 폭력적인 남자로 인해 느껴지는 고립감도 채워 주었다.

심지어 몇몇은 반려동물이야말로 아침에 자신을 일어나게 하는 유일한 이유였다고 밝혔다. 아침에 반려동물에게 밥을 주기 위해서라도 일어날 수밖에 없었으니 이런 경우는 반려동물이 학대 여성에게 생존의 의미가 된 경우다. 반려동물에 대한 이런 책임감 덕분에 몇몇 여성은 자살을 피할 수 있었다고 털어놓았다.

이처럼 연구에 참여한 모든 여성은 반려동물이 기쁨을 가져다주고 학대로 인한 긴장과 스트레스를 완화시켜 주는 역할을 했다고 말했다. 또한 반려동물 덕분에 우울과 절망에서 벗어날 수 있었다고 털어놓았다.

또한 반려동물은 자녀들에게도 도움을 주었다. 잉그리드는 아이들이 개와 상호작용을 나누면서 아버지에게서 배우지 못한 연민의 감정을 배웠다고 했다.

그런데 흥미로운 것은 폭력을 행사하는 남성들도 반려동물이 여성들에게 위안을 주는 소중한 존재임을 알고 있다는 것이다. 한 여성의 말에 따르면 많은 폭력 남편들이 그렇듯 그녀의 남편도 아내를 학대한 뒤 용서를 구했는데 자신에게 꽃을 선물을 할 때마다 개에게도 스테이크를 주며 용서를 구했다는 것이다.

사실 학대받은 여성과 반려동물의 관계가 강화되는 데는 또 다른 요인이 있다. 바로 남성들이 여성과 동물을 대상으로 폭력을 행사할 때 나타나는 유사성이다. 남성들은 여성과 동물을 같은 방식으로 대한다. 가정 폭력을 행사했던 몇몇 남성들은 아내를 개와 똑같은 이름으로 부르기까지 했다. 아내와 반려동물을 동일시하는 것이다.

또 다른 연구에서 렌제티(1992)는 학대받는 여성의 40퍼센트가 자신에게 폭력을 가한 남자들이 반려동물에게도 폭력을 행사했다고 밝힌 점에 주목했다(52쪽의 '개를 때리는 남자는 아내도 자녀도 때린다' 참조). 이런 유사성 때문에 여성들의 반려동물에 대한 공감도가 더 높아진 점도 있다.

지나는 남편에게 맞는 반려동물을 보며 이런 생각이 들었다고 한다.

"나를 때리던 남편이 동물을 대하는 모습을 보고 이런 생각이 들더라고요. '아, 불쌍한 녀석, 이 아이도 나랑 똑같은 감정을 느끼겠구나.'라고 말이에요."

피츠제럴드에 따르면 반려동물은 폭력 피해자들에게 '생존을 위해 꼭 필요한 존재' 그 자체다. 연구에 참여했던 한 여성은 폭력 남편과 거래까지 했다. 개를 키우도록 허락해 주면 다 용서해 주겠다고 약속한 것이다. 또 다른 여성은 알레르기성 체질임에도 불구하고 언제 남편에게 또 당할지 모른다는 불안감에 고양이를 입양하기도 했다. 앞으로 자신의 삶에 언제 찾아올지 모르는 위기의 순간에 고양이가 분명히 도움을 줄 것이라는 생각에서였다.

결론 많은 연구에서 반려동물은 가정 폭력 피해 여성에게 많은 도움을 준 것이 밝혀졌다. 특히 자살 충동을 완화시키는 데 큰 역할을 했다. 여성과 동물의 관계가 정서적인 지지와 사랑에 기반을 두고 있기 때문에 가능한 일이다. 여성들은 힘겨운 상황에서도 반려동물 때문에 좀처럼 가정을 떠나지 못하지만 또 이들 덕분에 마음이 편안해지면서 버틸 수 있는 힘을 얻었다. 스스로 목숨을 끊으려 했던 폭력 피해 여성들에게 반려동물이 자살을 피하는 데 어떤 역할을 했는지는 다음의 대답이 명확하게 설명해 준다.

"내가 죽으면 누가 개랑 고양이를 돌보겠어요?"

이런 책임감과 반려동물이 주는 사회적·정서적 위로가 도움이 되어 자살 충동을 견딜 수 있었다. 특히 피츠제럴드는 가정 폭력 피해 여성과 자살에 관한 연구에서 반려동물이 피해 여성에게 보여 주는 사회적 지지가 학대 여성을 지켜 주는 중요한 요인이 된다는 것을 강조했다. 이는 코커 등(2003)의 연구에서도 확인되었다.

많은 연구를 통해 반려동물은 학대 여성에게 큰 위로와 지지가 된다는 사실이 밝혀졌다. 폭력의 순간 반려동물은 약자인 여자의 편이 되어 주었는데, 이는 갖가지 기준으로 사람을 판단하는 인간과 달리 어떤 것으로도 판단하지 않는 동물의 특성에서 비롯된 것이다. 그래서 누구도 학대 여성에게 손을 내밀지 않을 때 그들의 편이 되어 주었다.

그리고 동물들이 지닌 뛰어난 공감 능력도 큰 몫을 했을 것이다. 동물은 아픈 여성의 감정에 쉽게 공감할 수 있기에 누구보다도 여성을 더 잘 도울 수 있다. 하지만 이런 이유 때문에 반려동물이 폭력 남성에게 여성과 함께 폭력의 대상이 되기도 하는 것은 아이러니다. 또한 폭력 남성이 여성과 반려동물을 같은 이름으로 부르는 등 동일시하는 현상은 폭력 남성의 심리 파악을 위해 앞으로 더 많은 연구가 필요하다.

걸핏하면 무는 개가 따로 있다?

레이즈너의 개의 공격성을 유발하는 요인에 관한 연구

개의 무는 행동에 대해서는 여러 가지 질문을 해볼 수 있다. 개가 무는 대상은 어른이 많을까, 아이가 많을까? 왜 물까? 개가 못되서 물까? 아니면 사람의 행동이 개에게 무는 행동을 유발할까?

사람이 개한테 물리는 일은 매년 프랑스에서는 50만 건 정도, 영국에서는 25만 건 정도 일어난다. 색스 등(1996)의 미국 연구자들은 5,238가구에 무작위로 전화를 걸어 수집된 자료를 바탕으로 1,000가구당 18건의 사례를 발견했다. 그중에는 치료가 필요한 경우도 있었는데, 아이들이 어른보다 치료가 필요한 경우가 3.2배 더 높았다. 아이들이 어른보다 더 많이 그리고 더 심하게 물리는 것은 분명했다(Weiss, Friedman & Coben, 1998). 치명상의 60퍼센트는 10세 미만의 아이에게서 발생하고, 개한테 물리는 아이의 평균 연령은 8세며

(Avner & Baker, 1991), 4세 미만의 아이도 20퍼센트나 된다는 사실도 드러났다(Chun, Berkelhamer & Herold, 1982).

개는 주로 아이들의 어느 부위를 물까? 캘리포니아의 펠드먼 등(2004)은 개에게 물린 아이들의 74퍼센트가 손과 얼굴에 상처를 입었음을 확인했다. 그런데 개에게 물린 아이들 중 10세 이상은 10퍼센트밖에 되지 않아 90퍼센트가 9세 이하의 아이들로 밝혀졌다. 그리고 개에게 물린 4세 미만 아이 중 80퍼센트가 자기 집에서 물렸다(Sacks, Sinclair, Gilchrist, Golab & Lockwood, 2000). 어릴수록 집에서 개에게 물릴 확률이 높다는 것이다.

아이들이 어른에 비해 개에게 더 많이 물리는 이유는 무엇일까? 사람들은 개가 몸집이 작은 아이들을 만만하게 보기 때문이라고 생각하지만 싱클레어와 저우(1995)는 꼭 그렇지만은 않음을 밝혔다. 미요 등(1988)은 2~5세 사이의 아이와 집에서 키우는 개 사이에 이루어지는 상호작용을 관찰했는데 아이들은 어른에 비해 개와 신체 접촉이 많고, 특히 아이들이 가장 빈번하게 하는 행동은 개의 꼬리나 털, 다리를 잡아당기는 것이었다. 이런 행동 때문에 개의 1/3이 아이를 물려고 했으니 아이가 어른보다 더 많이 물리는 것은 당연한 결과다.

또한 아이들은 개한테 물건을 집어던지거나 때리고 등 위에 올라타거나 소리를 지르면서 울기도 했다. 특히 먹이를 먹고 있는 개에게 가까이 가거나 어린 새끼와 함께 있는 어미개에게 다가가는 위험한 행동을 했다. 개를 괴롭히거나 개를 번쩍 들어올리려고 하는 등 개를 도발하는 전형적인 행동을 하는 5세 미만의 아이들이 개의 공격 대상이 되는 경우가 많았다. 연구자들은 관찰을 통해 아이들이 개에게 하는 행동에 비해 개가 무는 확률은 극히 낮다는 중요한 결과도 얻었다.

레이즈너(2007)는 4년에 걸쳐 개에게 물린 111회의 상황을 분석했다. 이 연구를 통해 사람들이 흔히 알고 있듯이 특히 아이를 잘 무는 견종이 따로 있는 것이 아님을 밝혔다. 개 103마리의 종에 따른 차이가 전혀 밝혀지지 않았기 때문이다. 반면 개가 무는 순간 사람이 어떤 행동을 했는지에 대한 답을 확실하게 얻을 수 있었다. 5세 미만의 아이의 경우 개가 먹이를 먹을 때 가까이 가거나 억지로 끌어안다가 물리는 경우가 많았다. 더 큰 아이의 경우는 남의 집 개의 영역을 침범했을 때 물리는 경우가 많았다. 낯선 사람이 집에 불쑥 들어오면 개는 당연히 공격적인 행동을 취한다.

그렇다면 선천적으로 사람을 잘 무는 개가 있을까? 그렇지 않다. 실제로 개가 사람을 문 경우는 사람의 돌발적인 행동에 의해 두려움을 느낀 개의 '정상적인' 반응인 경우가 많았다. 이런 경우 아이에게 괴롭히지 말라고 교육시키지 않고 개를 훈련시켜 무는 행동을 멈추게 한다면 실패할 수밖에 없다. 개한테 물리는 사건의 1/3이 집에서 일어나고, 1/3은 이웃집에서 이웃집 개에 의해 일어나며, 나머지 1/3이 모르는 개에 의해 발생한다는 사실에 주목한다면 개를 훈련시킬 것이 아니라 아이들의 행동을 주의시키는 것이 맞음을 알 수 있다. 물론 드물게 성질이 고약한 개도 있지만 대부분 이전에 사람을 문 적이 없는 개한테 물리니 원인은 사람 쪽에 있는 것이 맞다.

중성화수술이나 훈련도 무는 행동을 멈추게 하는 효과적인 방법은 아니다. 레이즈너의 연구에 따르면 사람을 물었던 개 중 90퍼센트가 중성화수술이 된 상태였고, 70퍼센트가 전에 훈련을 받았다. 따라서 물리는 것을 예방하려면 어떤 방법보다 아이들에게 행동을 조심하라고 가르치는 편이 낫다.

채프먼과 동료들(2000)은 7~8세 초등학생 345명을 대상으로 실험했다. 학생의 절반에게는 개가 먹이를 먹거나 잠들어 있을 때 어떻게 행동하는 것이 안전한지, 개한테 다가갈 때 어떻게 하는 것이 좋은지 등에 대해 30분 동안 교육하고, 나머지 절반은 교육시키지 않았다. 열흘 뒤 상인으로 변장한 연구자가 목줄을 채운 온순한 래브라도리트리버를 데리고 운동장으로 들어갔다. 그러자 교육을 받은 아이들은 적당한 거리에서 개를 관찰하면서 신중한 태도를 취한 반면에 교육을 받지 않은 아이 중 80퍼센트는 개를 약 올리기 위해 몸을 거침없이 툭툭 건드렸다. 안전교육을 받은 아이 중 개의 몸을 거칠게 건드린 아이는 9퍼센트뿐이었다. 또한 교육을 받은 아이들은 꽤 오랫동안 개를 지켜보고 난 후에 개를 쓰다듬는 등 안전하게 행동하는 것을 볼 수 있었다.

결론 살면서 일어나는 일 중에 피해 입을 가능성이 전혀 없는 '제로 리스크'라는 것은 존재하지 않는다. 그러므로 사람이 조심한다고 개가 사람을 절대로 물지 않는다고 말할 수는 없다. 하지만 우리가 하는 행동이 개의 행동에 영향을 미치는 것은 사실이다. 따라서 동물과 함께 있을 때 어떻게 행동해야 하는지 아이들에게 제대로 가르치는 것이야말로 개한테 물리는 일을 예방하는 최선의 방법이다.

공감 능력이 커지면서 공격성이 줄어드는 아이들
스프링클의 인명 구조견을 활용한 학교 폭력 방지 프로그램

"찡아, 맛있게 먹었어? 어이쿠, 대답하는 거 보니까 정말 맛있었나 보네."

동물과 살다 보면 관찰력이 는다. 특히 질문을 던진 후에 동물의 반응을 기다릴 때는 더욱 그렇다는 것을 반려인이라면 알 것이다.

전문가들은 이런 습관이 인간의 공감 수준을 높여 준다고 말한다. 인간은 동물에게 느낌이 어떤지, 무엇을 원하는지 물어보지만 말로 대답을 들을 수는 없다. 그래서 주로 추측하고 짐작한다. 그런데 이렇듯 인간의 언어로 이루어지지 않는 상호작용이 우리 안의 공감 능력을 발달시키고 이것은 다른 사람의 감정을 이해하는 데 도움을 준다.

그런데 공감 능력과 폭력 사이에는 연관성이 있다. 타인의 감정에 대한 공감 수준이 높아지면 폭력 수준은 낮아진다. 그래서 폭력적이거나 공격적인 행동을 보이는 사람들은 평균적으로 공감 능력이 떨어지는 사람이라고 볼 수 있다. 흔히 살인마라고 불리는 사람들이 타인의 고통에 대해 무감각한 것만 봐도 알 수 있다.

폴(2000)은 평균 49.5세의 성인 500명을 대상으로 공감 능력을 측정했다. 대상자 중에는 반려동물과 사는 사람도 있고 그렇지 않은 사람도 있었다. '영화관에서 우는 사람을 보면 웃긴다.', '과자를 먹을 때 누군가 먹고 싶어서 쳐다봐도 신경 쓰지 않는다.' 등의 설문에 답하게 했다. '개가 반갑다고 뛰어오르면서 얼굴을 핥으면 귀찮다.', '남들이 보는 앞에서 개를 끌어안거나 뽀뽀하는 사람을 보면 한심하다.' 등 동물에 관한 질문도 다수 포함되었다.

분석 결과 타인에 대한 공감 능력은 반려동물과 사는 사람이나 그렇지 않은 사람이나 동일하게 나타났다. 하지만 공감 수치는 같아도 반려동물과 함께 사는 집단은 공감 수치가 덜 분산된 양상을 보였다. 공감 수치가 덜 분산되었다는 말은 개인마다 차이가 적어서 사람들의 공감 수준이 들쭉날쭉하지 않고 비슷하다는 뜻이다. 자녀가 없는 경우에는 반려동물과 사는 사람들이 그렇지 않은 사람보다 공감 수치가 높았다. 또한 반려동물과 사는 사람들은 동물에 대한 공감 수치가 그렇지 않은 사람보다 당연히 높았다.

연구를 통해 상관관계도 드러났다. 반려동물과 함께 사는 반려인의 경우 동물에 대한 공감 수치가 높으면 인간에 대한 공감 수치도 높았다. 둘 사이에 유의미한 상관관계가 관찰된 것이다. 그러나 반려인이 아닌 집단에서는 상관관계가 나타나지 않았다. 이처럼 반려동물과 공감 능력 사이에는 연관성이 있음이 드러났다.

동물의 존재가 공감 능력에 끼치는 영향에 대해 알아보기 위해 스프링클(2008)은 10~12세 아이들에게 인명 구조견을 활용한 학교 폭력 방지 프로그램을 실시했다. 인명 구조견은 훈련을 잘 받은 개로 프로그램 내내 아이들과 상호작용을 했다. 연구진은 프로그램 전후에 아이들의 공격 행동 수준을 측정했는데 보복적 공격 행동과 이유 없는 공격 행동으로 구별했다. 아이 스스로 느끼는 공감 수치와 교사가 느끼는 아이들의 공격성도 평가했다.

개와 상호작용을 나누기 전후의 공격 행동 수준

	개와 상호작용을 나누기 전	개와 상호작용을 나눈 후
보복적 공격 행동 수준	24	14
이유 없는 공격 행동 수준	14	10
공격성 합계	38	24
공감 수치	10.6	18.0
교사에 의한 공격성 평가	12.7	8.5

실험 결과 인명 구조견과 상호작용을 나눈 이후 아이들의 보복적 공격 행동과 이유 없는 공격 행동이 모두 감소했다. 이는 교사들의 측정 수치로도 확실히 나타났다. 더불어 아이 스스로 느끼는 공감 수치도 증가했다.

이 자료는 공감 수치와 다양한 공격 행동 수준 사이의 명백한 상관관계를 보여 준다. 공감 능력이 낮은 아이들은 공격 행동 수준이 높은 반면, 공감 능력이 높은 아이들은 공격 행동 수준이 낮았다. 이 자료는 일반적으로 알고 있던 공감 능력과 공격성 사이의 관계를 확인시켜 주었다. 특히 이런 상관관계는 개와 함께 진행된 프로그램 이후 더 뚜렷하게 나타났는데, 개와의 상호작용이 공감 수준을 높여 공격성이 감소한다고 판단된다.

결론

　　동물의 존재는 동물에 대한 공감 능력은 물론 인간에 대한 공감 능력도 키우는 역할을 한다. 사람들은 동물이 무엇을 느끼고 무엇을 원하는지를 알아내기 위해 동물과 상호작용을 나누는 과정에서 공감 능력을 키운다. 그래서 동물과 상호작용을 많이 해본 사람은 다른 사람의 정서적 신호에도 민감하게 반응한다.

　　사실 동물은 공감 능력뿐만 아니라 다른 능력에도 많은 영향을 끼친다. 앨버트와 앤더슨(1997)은 실험을 통해 동물과의 꾸준한 상호작용이 인간의 선과 악을 구별하는 능력을 키운다고 밝혔다. 동물의 존재가 도덕 지수에도 영향을 미친다는 뜻이다. 그러니 평화로운 사회를 원한다면 동물과의 교감은 필수다.

핏불테리어 키우면 나쁜 사람?

라가츠 등의 견종과 반려인 성품의 관계 연구

개 교육 전문가들은 나쁜 개는 없고 나쁜 주인만 있을 뿐이라고 말한다. 틀린 말은 아니다. 잘못된 교육으로 개의 버릇이 나빠지기 때문이다. 하지만 교육과 무관하게 로트와일러, 핏불테리어 등 그 자체로 위험한 종으로 규정되는 개도 있다. 그런데 위험하다고 알려진 개를 유독 좋아하는 사람들이 있다. 실제로 문제를 일으키는 남자아이의 경우 공격적인 개에게 관심을 갖는 경우가 많다.

반즈와 그의 연구진(2006)은 잉글리시 세터, 세인트버나드, 스패니얼 등 위험도가 낮다고 분류되는 개와 로트와일러, 핏불테리어 등 위험도가 높다고 분류되는 개를 키우는 사람들을 분류해서 범법 행위, 범죄 기록, 범죄 행위 등의 성격을 조사했다.

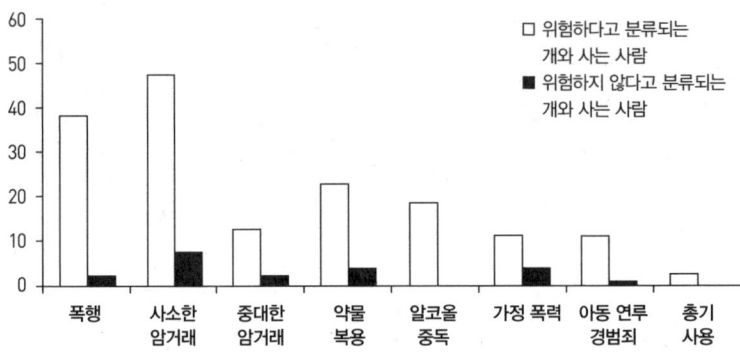

결과에 따르면 범법 행위를 저지른 사람들이 위험도가 높은 개와 사는 경우가 많았다. 범법 행위를 하는 사람들이 이런 선택을 한 이유는 다른 사람을 겁주거나 위험한 상황이 생겼을 때 개가 자신의 안전을 보장해 준다고 생각하기 때문이다.

하지만 범법 행위와 관계가 없는 사람도 인성과 개의 선택 사이에 연관성이 있었다. 라가츠 등(2009)은 대학생을 대상으로 인성과 관련된 설문을 통해 전반적인 적대성, 사교성, 불안, 충동성, 감각 추구 수준을 측정했다. 개인이나 상점을 대상으로 한 절도, 집단 패싸움 가담 등 불법 행위 리스트를 보여 준 후 이런 행위를 저지른 적이 있는지도 조사했다. 이어서 참가자를 차우차우, 도베르만, 핏불테리어, 로트와일러, 울프하운드, 아키타 등 미국에서 위험하다고 간주하는 견종과 세인트버나드, 뉴펀들랜드, 래브라도리트리버 등 위험하지 않다고 여겨지는 견종을 키우는 사람으로 구분했다.

결과는 위험하다고 간주되는 개의 주인은 불법 행위 비율이 평균보다 높았다. 반면 위험하지 않다고 여겨지는 견종의 주인은 개를 키우지 않는 사람과 비교해서 어떤 차이점도 관찰되지 않았다. 또한 인성 테스트에서는 위험하다고 간주되는 개를 키우는 사람 집단이 충동성과 적대성이 높고 자극적인 것을 좋아했다. 반면 위험하지 않다고 여겨지는 견종을 키우는 사람들은 사교성이 일반인보다 높게 나타났다.

결론 실험은 반려인의 일탈 행동과 견종 사이에 상관관계가 있음을 증명했다. 물론 개 교육 전문가들의 주장처럼 개의 위험성은 주인이 원인일 수 있다. 범법 행위를 많이 저지르는 나쁜 주인은 개를 제대로 교육하지 못할 것이고, 그렇게 되면 개의 행동에도 문제가 생기기 때문이다. 하지만 이런 상관관계를 인정하지 않는 사람들은 실험 결과를 보고 단순하게 문제가 있는 사람이나 함께 사는 개나 모두 문제가 있다고 생각할 수 있다. 결국 평판이 나쁜 사람이 개의 평판까지 나쁘게 만드는 꼴이 되고 있다.

3장 영원한 **인간의 친구**

인간과 동물의 관계는 인간관계만큼이나 다양한 상호작용 방식이 존재한다. 반려동물이나 다른 동물에게 권위적인 태도를 보이는 사람이 있는가 하면 다정하고 너그러운 사람도 있다. 때로는 동물 앞에서 소심해지는 사람도 있고, 동물을 피하는 사람도 있다. 하지만 기본적으로 인간과 반려동물은 좋은 친구가 될 수 있다.

반려견과 반려인은 닮을까?
로이와 크리스틴펠드의 사람과 개의 유유상종 연구

부부가 오래 살면 닮는다는 말이 있다. 과연 그럴까? 이 놀라운 결과가 밝혀진 것은 1987년의 연구(Zajonc, Adelmann, Murphy & Niedenthal, 1987)를 통해서였다. 이 연구에 따르면 25년 이상 함께 산 부부가 만난 지 얼마 안 된 연인보다 서로 훨씬 더 닮아 보였다. 이처럼 시간이 흐르면서 배우자들의 표정이 서로 비슷해진다면 이는 '유유상종'이 아니라 '상종유유'라고 해야 하는 것이 아닐까? 같이 지내다 보니 서로 닮은꼴이 되었으니 말이다.

개와 반려인 사이에도 동일한 현상이 일어날까? 이 연구는 시작하기도 전에 이미 결론이 난 듯하다. 많은 사람들이 개와 반려인은 닮는다고 철석같이 믿고 있기 때문이다.

"저기 저 아저씨 얼굴 좀 봐. 볼살 늘어진 게 자기 개랑 똑같아!"

이것은 사실일까? 사실이라면 어떤 이유에서일까? 사람들이 자신과 닮은 개를 선택해서일까, 아니면 시간이 흐르면서 반려인의 얼굴이 개의 얼굴과 비슷해지는 것일까? 아니면 개의 얼굴이 반려인의 얼굴과 비슷해지는 것일까?

'깐깐한 치와와 주인, 용감한 콜리 주인'(30쪽)에서 '그 주인에 그 개'라는 고정관념에 대해 살펴보았다면 여기서는 반려인과 개 사이의 유사성에 대해 살펴볼 것이다. 필자는 참가자 수백 명에게 개 20마리, 사람 20명의 사진을 보여 준 뒤 함께 사는 가족을 찾아보라고 했다. 참가자들은 견종 이외의 다른 정보는 갖고 있지 않았는데, 연구 결과 사람들이 반려인과 반려견을 바라보는 시선에 몇 가지 특징이 있음을 알아냈다.

실제로 여자가 소형견을 많이 키우기 때문인지 참가자들도 소형견을 여성 중에서도 주로 중년 여성과 연결시키는 경향이 있었다. 경비견 등으로 쓰이는 대형견은 중년 남성과 많이 연결시켰는데 실제로 그 연령대의 남성들이 대형견을 많이 키웠다. 또한 중형견은 젊은 남성이나 젊은 여성이 키운다고 생각하는 경향이 있었는데 실제로도 이와 같았다. 이러저러한 특징이 있는 사람이 이러저러한 특징의 개와 산다는 고정관념이 어느 정도는 사실이라는 것이다.

이처럼 이 연구 결과는 개가 어떤 범주에 속하는지를 조금만 고려해도 반려인의 인구통계학적 범주인 성별, 연령 등과 견종을 연결시킬 수 있음을 보여 주었다. 이 연구는 개와 반려인의 조합 수천 쌍을 분석한 결과다.

로이와 크리스틴펠드(2004)는 반려인과 반려견의 신체적 유사성을 측정하기 위해 보다 심화된 연구를 수행했다. 공원에서 개를 산책시키는 반려인들에게 양해를 구하고 사람과 개 모두 정면 사진을 찍었다. 실험에 참여한 사람은 여성 24명과 남성 21명이었고 평균 연령은 36세였다. 개는 15종의 순종 25마리와 믹스견 20마리였고, 개와 함께 산 지 얼마나 되는지도 물었다.

심리학자들은 28명의 참가자들에게 개 45마리, 사람 45명의 사진을 보여 주면서 개의 실제 반려인을 찾아보라고 했다. 물론 사진의 배경을 변형시켜 배경이나 다른 것을 통해서 반려견과 반려인을 유추할 수 없도록 했다. 연구진은 참가자 중 절반이 실제 반려인을 찾아낸다면 개가 주인을 닮은 것으로 간주하기로 정했는데 실험 결과 딱 절반인 14명이 반려견과 반려인 짝을 찾아냈다. 그런데 순종이 65퍼센트로 믹스견 35퍼센트에 비해 높은 성공률을 보였다.

심리학자들은 이 실험을 통해 사람들이 자신과 닮은 개를 고르거나 시간이 흐르면서 사람과 개의 특징이 비슷해진다는 사실을 알아냈다. 하지만 참가자들이 개와 사람이 함께 산 시간을 고려하지 않았기 때문에, 실험 결과는 종류가 다른 생물이 같은 환경에서 살면서 서로 비슷한 특성을 갖게 된다는 근사(近似) 현상보다는 개가 반려인의 특성이라는 환경에 적응하여 자연선택 되는 것으로 설명될 수 있다.

실제로 실험 결과를 보면 참가자들은 반려인이 뚱뚱하고 털이 덥수룩하다고 해서 그의 모습과 비슷한 세인트버나드를 반려견으로 선택하지는 않았다. 참가자들은 섬세한 특징을 고려해 반려인과 반려견을 짝지었는데 그 특징이 무엇인지는 구체적으로 밝혀지지 않았다.

이 실험 결과는 페인과 재프(2007)의 연구에서 또다시 확인되었다. 옷, 장신구가 보이지 않도록 배경을 완전히 삭제한 사람과 개의 사진을 보여 주면서 개의 반려인을 찾도록 했는데 참가자들은 높은 비율로 실제 가족을 찾아냈다.

결론

실험 결과는 개와 인간의 관계가 인간이 인생의 동반자를 찾을 때와 비슷함을 보여 준다. 인간은 짝을 찾을 때 자신과 비슷해 보이는 사람을 좋아하는 경향이 있는데 개를 고를 때도 동일한 원리가 작용한다. 그래서 자기의 성향과 성품이 비슷한 견종에 더 마음이 끌리고 선택하게 된다. 이것이 바로 순종견의 주인을 찾을 성공률이 높은 이유다. 순종은 외모, 성품 등 일반적인 특징을 갖고 있지만 믹스견은 외모도 제각각이고 성품도 예측하기 어렵기 때문이다. 그래서 코가 길고 뾰족한 남자가 콧방울이 길고 좁은 개를 택하는 것처럼 신체적 특징이 뚜렷한 사람들은 자신과 비슷한 신체적 특징의 개를 선택했다.

고양이는 사람이 아닌 집에 애착을 갖는다?

고양이에게 적용한 에인즈워스의 낯선 상황 실험

흔히 개는 사람에게 애착을 갖지만 고양이는 사는 집 또는 공간에 애착을 갖는다고 알고 있다. 과연 이 말이 사실일까, 편견일까?

애착은 모든 사회적 동물에게 나타나는 정상적인 행동이다. 사람도 반려동물과 함께 살면서 동물에게 애착을 느낀다. 동물들의 건강을 염려하고, 행복하게 느낄 수 있도록 정성껏 보살피는 것이 바로 애착의 증거다. 그렇다면 동물은 반려인에게 어떤 애착을 갖고 있을까? 특히 고양이는 어떨까?

고양이가 사람에게 애착을 갖는지에 대한 연구는 거의 없다. 연구자들이 이 문제에 관심이 없었기 때문이다. 하지만 심리학자들이 이 문제에 관심을 보이기 시작했고 고양이에게 '에인즈워스의 낯선 상황'이라고 부르는 실험을 수행했다(Edwards, Heiblum, Tejeda & Galindo, 2007).

에인즈워스의 낯선 상황 실험(Ainsworth & Wittig, 1969)의 원래 목표는 보살핌을 제공하는 부모와 아이 사이의 애착 관계를 설명하는 실험이다. 실험은 20분 동안 아이를 방 안에서 놀게 하고 부모나 낯선 사람이 그 안에 들어갔다 나갔다 하면서 아이의 행동을 관찰하는 것이다. 아이가 안심하고 새로운 놀이를 시작하는지, 어떻게 새로운 환경을 둘러보는지 그리고 부모나 낯선 사람이 나가고 들어올 때 어떤 반응을 보이는지를 살펴보는 실험이다. 실험 결과를 통해 아이가 부모와 맺는 애착 관계의 유형을 살펴보는 것이 바로 유명한 에인즈워스의 낯선 상황 실험이다.

이 실험을 바탕으로 연구진은 고양이를 대상으로 애착 유형을 알아보는 실험을 실시했다. 연구 대상은 1~7세 사이의 종이 다른 고양이 28마리였다. 이 실험에서 고양이들은 각각 3분 간격으로 다음과 같이 바뀌는 상황에 놓여졌다.

1. 반려인과 고양이가 실험실 안으로 들어간다.
2. 실험실 안에는 반려인과 고양이만 있다. 고양이가 새로운 환경을 둘러보는 동안 주인은 아무것도 하지 않는다.
3. 낯선 사람이 들어와 고양이에게 다가간다. 반려인은 조용히 실험실 밖으로 나온다.
4. 첫 번째 분리 단계 : 낯선 사람과 고양이만 남는다.
5. 첫 번째 결합 단계 : 반려인이 들어왔다가 다시 나간다.

6. 두 번째 분리 단계 : 낯선 사람이 나가고 고양이만 남는다.
7. 두 번째 분리 단계의 연속 : 낯선 사람이 실험실에 다시 들어온다.
8. 두 번째 결합 단계 : 반려인이 돌아와 고양이에게 인사하고 고양이를 품에 안는 동안 낯선 사람은 조용히 실험실 밖으로 나간다.

연구진은 고양이가 보이는 탐색, 이동, 경계, 움직임 등의 다양한 행동을 관찰했다. 관찰 결과 고양이들은 반려인이 함께 있느냐, 낯선 사람이 함께 있느냐에 따라 행동에 큰 차이를 보였다. 특히 고양이들이 혼자 있거나 낯선 사람과 함께 있을 때에 다음과 같은 특징이 도드라지게 나타나는 것에 주목했다.

- 주변을 오랫동안 탐색하고 더 많이 움직인다.
- 경계하는 행동과 긴장하는 모습을 더 많이 보인다.

또한 고양이가 혼자 있을 때보다 주인이 있을 때 덜 움직인다는 사실도 밝혀냈다. 따라서 고양이는 에인즈워스의 낯선 상황 실험 속의 아이들처럼 반려인에게 분명히 애착을 갖고 있고 반려인이 곁에 있는 것만으로도 심적인 안정을 느낀다는 것을 확인할 수 있었다. 그러니 홀로 내버려두거나 낯선 사람과 단둘이 오래 남겨두면 고양이도 어린아이들처럼 분리불안을 느낄 가능성이 높다.

결론 흔히 고양이는 집에 애착을 더 갖는다고 생각하지만 실험 결과 실제로는 주인에게 애착을 갖고 있었다. 그러니 더 이상 고양이에 대한 오해는 하지 않았으면 좋겠다. 사실 고양이는 함께 살기 좋은 반려동물이다. 딱히 교육을 시키지 않아도 대소변 가리기, 그루밍 등 위생 관리도 스스로 잘하기 때문이다. 그러니 고양이에 대한 근거 없는 오해는 버리고 좋은 가족이 되기를 희망한다. 사람에게 애착도 많고 스스로 알아서 하는 것이 많기 때문에 오히려 고양이는 집에서 많은 시간을 보내는 노인, 장애인 등에게 정서적으로 도움을 주는 좋은 가족이 될 수 있다. 이런 이유로 관련 학자들이 고양이가 사람에게 애착을 갖는 동물임을 명백히 밝히는 것이 중요하다고 판단한 것이다.

청소부 얼굴을 한
순둥이 개의 탄생

레이 코핑거의 개와 늑대의 차이

사람들은 늑대를 무서워한다. 당연하다. 갸름한 얼굴에 치켜뜬 눈, 위로 쭈뼛 솟은 귀, 무시무시한 이빨을 무서워하지 않는 것이 이상하다. 그런데 우리는 개가 늑대에게서 유래되었다는 사실을 알면서도 개는 무서워하지 않는다. 부모는 자녀에게 "옛날 옛적에 무시무시한 개가 살았단다."라는 이야기는 들려주지 않는다. 이유가 무엇일까? 그 이유를 개를 연구하는 데 평생을 바친 햄프셔대학의 생물학 박사 레이 코핑거(2002)는 다음과 같이 주장한다.

중석기시대에 인간이 한곳에 정착했을 때 오늘날 볼 수 있는 개의 '조상'이 최초로 등장했다. 재칼과 코요테, 늑대의 교잡으로 태어난 개의 조상은 인간이 버린 음식 쓰레기에서 먹이를 얻기 위해 사람에게 접근했다. 그렇게 쓰레기에서 먹을 것을 얻으면서 개는 더 이상 사냥할 필요를 못 느꼈다. 이때부터 개는 사냥꾼이 아니라 청소부가 되었다. 다시 말하면 무섭지 않은 '동네 개'가 된 것이다.

개는 사람을 무서워하지 않았다. 보통의 늑대는 사람을 두려워해 가까이 다가오지 않고, 사람의 시선이 닿는 곳에서는 먹이도 먹지 않는 야생성을 갖고 있는 것에 비해 개는 사람을 두려워하지도 않고 사람이 쳐다봐도 상관없이 먹이를 먹었다. 야생성이나 공격성이 덜하고 인간이 수월한 먹이 공급원임을 재빠르게 알아차린 동물이 바로 개였다. 이처럼 사냥꾼이 아니라 청소부가 되면서 쓰레기장에서 먹이를 찾는 데 알맞게 치아와 턱뼈, 작은 뇌를 가진 구조로 변해 갔다. 그렇게 개는 두려움의 대상에서 멀어져 갔다.

또한 개과 동물은 다른 동물보다 교감신경에서 자극을 전달하는 호르몬인 아드레날린의 분비가 적은 편인데, 이들 사이에서 계속 번식이 이루어지면서 개는 아드레날린 분비율이 매우 낮아졌다. 결국 인간은 아드레날린 분비율이 높은 늑대가 아닌 온순한 개와 함께 사는 데 점점 익숙해졌고 개는 집 안에 들어와 침대 위를 차지하게 되었다.

그런데 아드레날린 호르몬은 멜라닌과 연관이 깊다. 아드레날린 분비율이 낮아지면 멜라닌 분비율도 낮아진다. 그러다 보니 개에게는 늑대에 비해 공격성이 줄어드는 현상 이 외에도 낮은 멜라닌 분비율에 따라 여러 특징이 나타났다. 털 색깔이 달라졌고, 이빨 크기가 작아졌고, 성욕이 계절에 따라 변화하지 않고 지속적으로 나타났다. 또 거의 짖지 않는 늑대에 비해 울음소리도 달라졌고, 귀도 아래로 축 처졌다.

이처럼 여러 가지 이유로 개는 온순해 보이게 진화했다. 개의 조상이 사냥꾼이 아니라 청소부였기 때문에, 아드레날린 호르몬의 분비율이 적기 때문에, 멜라닌 분비율이 적기 때문에 점차 사람과 함께 살기에 적합하게 진화한 것이다. 19세기에 들어서면서 인간은 우리에게 가장 협력적이고 정이 많은 동물인 개를 경비견, 사냥개에서 반려견으로 맞아들이게 되었고 이후 품종개량 등을 통해 400여 종의 견종이 탄생했다.

결론

사람들이 늑대보다 낯선 개를 덜 무서워하는 이유는 개가 사냥꾼의 얼굴이 아니라 청소부의 얼굴을 하고 있기 때문이다. 진화 과정에서 우연히 인간과 만나게 된 개는 인간의 곁에 정착하기 위해 알맞게 진화했고, 이후 인간이 개의 다양한 성격과 유용성을 기준으로 여러 가지 견종을 만들어 내면서 오늘날에 이르렀다. 인간과 함께 살기 위해 오랜 시간 진화 과정을 거친 개가 인간의 문화와 만나 현재의 착한 성품을 만들어 냈다고 할 수 있다.

개와 고양이는 앙숙일까?

포이어슈타인과 테르켈이 관찰한 개와 고양이의 놀라운 소통법

만나면 시도 때도 없이 으르렁대는 사람들을 일컬어 흔히 개와 고양이 사이, 즉 '견묘지간'이라고 한다. 아마도 사람들은 개와 고양이가 원래 사이가 좋지 않다는 믿음을 갖고 있는 모양이다. 하지만 선입견과 달리 개와 고양이는 '환상의 짝꿍'이 될 수 있다.

텔아비브 대학교의 포이어슈타인과 테르켈(2008)은 개와 고양이를 함께 키우는 200가구를 찾아가 개와 고양이가 어떻게 행동하는지를 촬영해서 분석했다. 분석 결과 대상 가구 중 65퍼센트는 개와 고양이가 아주 사이좋게 지냈다. 25퍼센트는 개와 고양이가 서로 모른 척하며 지냈고, 나머지 10퍼센트만 '톰과 제리'처럼 걸핏하면 싸우고 추격전을 벌이며 살았다. 개와 고양이가 사이좋게 지내는

65퍼센트의 가구 가운데 대부분은 고양이를 개보다 먼저 입양했고 둘 다 어릴 때 입양했다.

연구자들은 각각의 집을 분석한 후 개와 고양이를 사이좋게 키우고 싶다면 다음의 두 가지 원칙이 필요하다는 결론을 얻었다. 첫 번째, 고양이를 개보다 먼저 입양해야 한다. 두 번째, 개와 고양이 모두 어릴 때 입양해야 한다. 고양이는 최대 생후 6개월, 개는 최대 한 살. 이 두 가지 원칙만 지킨다면 개와 고양이는 사이좋게 우정을 나누며 자랄 가능성이 매우 높다.

또한 연구자들은 사이좋은 개와 고양이의 의사소통 방법도 관찰했다. 그런데 개와 고양이가 서로의 언어를 배운다는 놀라운 사실을 발견했다. 사이좋은 관계에서 고양이는 개의 언어를 배우고, 개는 고양이의 언어를 배웠다. 상대방의 몸짓언어를 이해하게 되자 서로 소통하는 것이 가능해졌다.

예를 들어 화가 나면 고양이는 꼬리를 탁탁 치지만 개는 으르렁댄다. 또 기분이 좋으면 고양이는 가르랑거리는 데 반해 개는 꼬리를 흔든다. 그런데 사이가 좋은 개와 고양이는 상대방의 언어 체계를 이해하고, 상대방이 보이는 신호를 읽는 법을 습득했다. 이렇듯 섬세한 신호를 탐지하면서 가까이 다가가서 함께 놀아도 되는 순간 언제인지, 갈등을 불러일으키지 않기 위해 상대방을 피하는 것이 나을 때가 언제인지를 알아냈다. 이처럼 사이좋은 개와 고양이 45쌍 중 80퍼센트는 상대가 보이는 행동에 따라 반응했다. 개와 고양이가 각자의 본능을 넘어서 서로에 대한 이해를 높이고 우정을 쌓아가는 것이다. 사이좋은 개와 고양이는 함께 놀고, 같은 물그릇을 사용하며, 서로 기대어 잠들기도 했다.

일반적으로 개는 인사를 하기 위해(정확히 말하면 정보를 얻기 위해) 다른 개의 엉덩이에 코를 대고 킁킁댄다. 반면에 고양이는 인사를 하기 위해 다른 고양이와 코를 맞대 냄새를 맡는다. 그런데 개와 고양이가 단짝친구처럼 지낼 경우 개가 고양이의 행동을 받아들이는 경향이 높았다. 개는 고양이의 언어로 인사를 하기 위해 고양이의 코에 대고 킁킁댈 뿐 엉덩이 냄새를 맡으려고 하지 않았다. 엉덩이 냄새를 맡는 것은 고양이 언어로는 무례한 행동임을 알기 때문이다.

결론

오래전부터 사람들은 개와 고양이는 앙숙이라고 생각했지만 연구를 통해 그렇지 않다는 것이 밝혀졌다. 오히려 개와 고양이는 단짝친구로 평화롭게 지내는 경우가 많았다. 따라서 '견묘지간'이라는 말로는 둘 사이의 우정을 설명하기 어렵다. 특히 반려인이 개와 고양이가 사이좋게 지내는 방법에 대해 잘 알아 조금만 도와준다면 둘은 더 좋은 환상의 짝꿍이 될 수도 있다. 서로 다른 종인 개와 고양이가 사이좋게 지내는 모습이 얼마나 보기 좋은가? 어쩌면 이런 평화로운 관계야말로 인간이 배워야 하는 것이 아닐까?

슈렉 고양이를 좋아하세요?
미요 등의 고양이 동공 형태에 따른 선호도 조사

여자의 동공 지름에 따라 남자의 선호도가 달라진다는 것은 잘 알려진 사실이다. 헤스(1975), 톰브스와 실버먼(2004)의 연구를 통해 남성들이 아기 눈처럼 동공이 확장된 여자를 더 매력적으로 여긴다는 사실이 밝혀졌다. 연구진은 이런 연구 결과가 반려동물에 대해서도 동일하게 나타날지 궁금했다. 특히 동공이 축소될 때면 멋진 타원형 모양을 보여 주는 고양이 눈에 대한 사람들의 선호가 궁금했다.

미요 등(1996)은 고양이를 정면에서 촬영한 후 포토샵 작업을 통해 한 장은 동공이 큰 구슬처럼 크게 보이게 일명 슈렉 눈처럼 동공을 확장시키고, 다른 한 장은 동공이 타원형처럼 보이도록 동공을 축소시켰다. 그런 다음 사람들에게 두 사진을 나란히 보여 주었다.

유치원생과 초등학생 그리고 성인에게 두 사진 중 어떤 사진이 더 마음에 드는지 그리고 그 이유가 무엇인지를 물었다. 결과는 다음과 같았다.

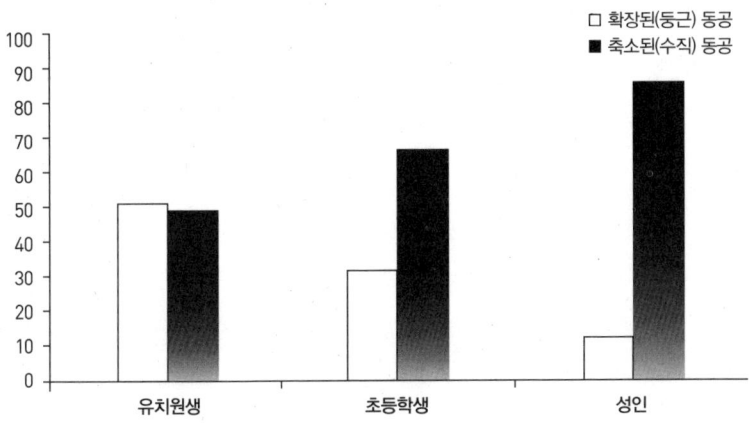

유치원생은 미적 선호에서 차이를 보이지 않은 데 반해 초등학생부터는 축소된 수직 동공을 선호하는 경향을 보였다. 이런 현상은 나이가 들수록 두드러져서 성인은 동공이 축소된 눈을 선호하는 양상을 보였다.

그런데 신기한 것은 타원형 동공을 한 고양이가 좋다고 선택한 사람 중 그 이유를 명확하게 의식한 사람이 거의 없다는 것이다. 선택한 고양이가 좋은 이유를 묻자 18퍼센트만이 막연하게 눈빛이 더 반짝인다, 더 영리해 보인다, 더 뚜렷해 보인다 등으로 대답할 뿐 동공의 형태를 지적한 사람은 아무도 없었다.

결론

실험 결과 사람들은 고양이의 동공이 축소되어 수직 형태를 띠는 모습을 선호했다. 그런데 어린아이들에게는 이런 선호 현상이 나타나지 않는다는 점으로 볼 때, 성인의 이러한 선호 양상은 고양이의 특정 동공 형태를 미의 기준으로 부각시키는 미디어의 영향 때문이라고 볼 수 있다. 나이가 들수록 미디어에 많이 노출되고, 미디어를 통해 특정 모습에 익숙해지면서 자신도 모르게 점점 선호하게 되는 것이다. 실제로 고양이 사료를 광고할 때, 유기 방지 메시지를 전할 때, 고양이를 판매할 때 등도 동공이 축소된 고양이를 보여 주는 것이 홍보에 더 효과적이었다.

(*본 연구 결과는 한국 사정과는 좀 다르다. 한국 사람들은 애니메이션 〈슈렉〉에 나오는 장화 신은 고양이처럼 동공이 확장된 고양이 눈을 선호하고, 홍보 전문가들도 그런 이미지를 광고에 빈번하게 사용한다. 저자는 이 연구가 미국에서 수행된 것으로, 모든 문화권에서 일반화할 수 없다는 점을 한국판에 밝혀 줄 것을 요청했다.)

고양이가
무지개다리를 건넜어요

다케후미 기쿠스이가 밝힌 반려동물의 의미와 이별

동물이 인간에게 끼치는 심리적 영향을 다룰 때 반려동물의 죽음이 야기하는 심리적 영향을 빼놓을 수 없다. 실제로 반려동물은 이미 인간의 삶 속에 큰 자리를 차지하고 있기 때문에 반려동물을 잃으면 그 슬픔에서 벗어나기가 쉽지 않다. 그 슬픔의 원죄를 굳이 찾는다면 인간이 동물보다 더 오래 산다는 것이다. 그러니 동물과 인연을 맺는다면 죽음을 통한 이별은 피할 길이 없다.

실제로 반려동물사료협회(FACCO), 여론조사기관 TNS 소프레스의 2006년 조사에 따르면 프랑스 가정의 50퍼센트 이상이 반려동물과 함께 산다. 한 집 걸러 한 집이 반려동물과 함께 산다는 뜻이다. 이는 반려동물을 떠나 보내고 슬픔을 견디는 사람이 그만큼 많다는 뜻이라 사회적으로도 가볍게 여길 문제는 아니다.

미국도 아이가 있는 가정의 70퍼센트가 동물을 키운다. 게이지와 과다뇨(1985)의 조사에 따르면 반려동물과 함께 사는 노인 부부도 46퍼센트나 된다. 반려동물과 사는 사람들은 대부분 반려동물을 자녀와 마찬가지로 여기고 가족으로 여긴다. 동물도 사람과 다르지 않다고 생각하는 것이다. 특이한 점은 아이가 한 명인 집은 이런 경향이 두드러진 반면, 아이가 둘 이상인 가정에서는 덜하다는 것이 앨버트와 벌크로프트(1988)의 연구에 의해 밝혀졌다. 집안에 아이가 많으면 부모가 반려동물에게 관심을 덜 쏟게 되고 그러다 보면 가족처럼 여기는 마음이 적어지는 것이다.

일본의 식품업체인 아지노모토 제너럴 푸드사가 일본인 500명을 대상으로 실시한 조사(1996)에 따르면 40~50세의 사람들이 반려동물을 아이처럼 생각하는 경향이 가장 높았다. 아이가 없는 부부가 이혼할 때 금붕어 양육권을 놓고 다툰다는 이야기가 드문 이야기가 아니라는 것이다. 바커(1988, 1990)의 연구에서는 응답자의 2/3가량이 친척보다 함께 사는 개나 고양이를 더 가깝게 여긴다고 밝혔다.

이처럼 인간은 반려동물에 대해 상당한 애정을 갖지만 애정도 삶이 흘러가고 주변 상황이 변화함에 따라 달라진다. 앨버트와 벌크로프트(1988)는 500여 명을 대상으로 한 연구에서 동물에 대한 애정이 가장 강한 시기가 유년기라는 점에 주목했다. 트리벤바허(1998)도 대부분의 초등학생이 학교에서 집으로 돌아올 때 반려동물이 자신을 맞이한다는 생각만으로도 몹시 즐거워한다는 사실을 지적했다.

재슬로프와 키드(1994)의 연구에 따르면 반려동물에 대한 애정은 아기나 미취학 아동, 청소년 자녀가 있는 가정에서는 덜한 반면, 아이가 없는 부부나 혼자 사는 사람, 결혼한 적이 없는 사람, 배우자와 사별한 사람에게 훨씬 더 강하게 나타났다.

개와 함께 사는 사람들은 개에게서 부모나 자녀에게 느끼는 감정을 느낀다는 사실이 일본의 생물학자인 다케후미 기쿠스이에 의해 밝혀졌다. 다케후미 기쿠스이는 다음과 같이 말했다.

"연구의 동기가 된 것은 개와 함께 있을 때면 항상 내 마음에 어떤 변화가 일어났기 때문이다."

개를 좋아한 그는 자신의 감정 변화에 대해 알아보고자 했고, 개를 키우는 사람들이 반려견과 함께 있을 때 실제로 편안함을 느끼는 이유가 옥시토신 호르몬 때문임을 밝혔다. 인체는 사랑, 우정, 믿음 등을 확인하는 기쁨의 순간에, 아이를 돌보는 시간 등 마음이 평화로울 때 옥시토신을 분비하는데 옥시토신은 스트레스와 우울증을 감소시키는 역할을 한다. 그런데 개와 함께 있으면 옥시토신이 분비되는 것이다.

이렇듯 사람들은 반려동물에 대해 깊은 애정을 갖고 있다. 그렇다면 이런 사람들에게 반려동물의 죽음이 어떻게 다가올까? 많은 사람들이 반려동물을 아프게 떠나 보낸 경험이 있다. 그 순간 어떤 느낌을 받았을까? 커다란 고통을 느꼈을까? 남편과 부인 중 누가 더 반려동물의 죽음에 힘들어했을까? 1991년 게이지와 홀콤은 펫로스pet loss, 반려동물을 잃은 슬픔-편집자 주에 대한 연구를 시작했다.

그들은 최근 3년 사이에 반려동물을 잃은 적이 있는 35~54세의 중년 부부 242쌍에게 반려동물의 죽음에 대해 물었다. 설문 결과 아내의 약 50퍼센트, 남편의 약 25퍼센트가 반려동물의 죽음으로 '매우' 또는 '극심하게' 괴로웠다고 밝혔다. 남편들은 반려동물이 떠났을 때 느낀 스트레스를 가까운 친구를 잃었을 때의 스트레스와 같다고 평가한 반면에 아내들은 자녀를 잃었을 때와 같은 고통이었다고 답했다. 또한 질문을 받은 부부는 대부분 반려동물의 죽음을 진심으로 애도했다고 밝혔다.

니콜슨 등(1995)은 특히 도우미견과 생활하는 장애인들에게 반려동물의 죽음은 더 큰 아픔이라고 전했다. 시각장애인, 휠체어를 타는 장애인 등은 안내견 등 도우미견에게 많은 도움을 받으면서 생활해서 유대가 더 긴밀하기 때문에 도우미견의 죽음이 심리적 문제를 일으키기도 한다는 사실을 지적했다.

결론

반려동물을 가족이라 여기던 사람에게 반려동물의 죽음은 엄청난 상실감을 느끼게 한다. 그러니 반려동물을 떠나 보낸 지 얼마 안 되는 사람에게 "자, 어서 힘내."라는 어설픈 위로는 하지 말기를 바란다. 우울증에 걸린 사람의 엉덩이를 뻥 찬다고 우울증이 날아가지 않는다는 것을 기억하라. 또한 반려동물을 떠나 보낸 사람에게 "개 한 마리 죽은 것 가지고 뭘 그렇게 괴로워해."라고 말하는 것도 삼가라. 당신에게는 '개 한 마리'지만 그에게는 가족이었을 테니까.

반려동물을 잃은 슬픔에 덜컥 새로운 반려동물을 입양한 사람들도 조심해야 한다. 이별의 슬픔을 하루라도 빨리 떨쳐 버리고 싶은 마음에 같은 종의 개를 입양한 경우 입양한 강아지와 떠난 개를 비교해서는 안 된다. 떠난 아이는 이미 다 큰 개였고 입양한 강아지는 아직 어려서 천방지축인데 그

둘을 비교하다니. 떠난 개를 교육하던 그 오랜 시간은 다 잊은 채 개가 유순하고 말을 잘 들었다는 사실만 기억하고 입양한 강아지가 다루기 힘들고 성격이나 머리가 나쁘다고 생각해서는 안 된다. 그것은 어린 강아지에게 가혹한 것이다. 그렇게 되면 반려인은 사랑하는 개를 떠나 보낸 슬픔에 입양한 강아지가 주는 스트레스까지 겹쳐 더 마음이 힘들어진다. 계속 비교만 당하는 강아지도 계속 혼나며 불행해질 테니 비교하지 않을 자신이 없다면 너무 일찍 다른 반려동물을 입양하지 말자.

4장 동물의 **놀라운 능력**

동물은 무한한 능력을 갖고서 사람들에게 영향을 끼친다. 다만 인간만이 동물의 능력을 무시할 뿐이다. 간혹 우리는 동물이 무엇을 느끼고 생각하는지 궁금해하면서도 동물이 생각하고 느낀다는 것에 그다지 큰 의미를 두지 않는다. 하지만 동물의 능력을 알고 인정하는 순간 그들과의 관계도 달라질 수 있다. 사람은 상대가 자신과 충분히 교감할 수 있는 능력을 지닌 존재라고 느끼게 되면 상대를 대하는 태도가 달라지고 관계의 깊이도 달라지기 때문이다.

개는 몇 단어나 알까?
카민스키 등의 개의 언어 습득 능력 연구

심리학자들은 언어를 배우려면 좋은 환경만으로는 충분하지 않다고 지적한다. 개와 어린아이는 어릴 때부터 같은 언어 환경 속에서 자라지만 어린아이만 말을 하고 개는 못하기 때문이다. 하지만 이것도 언젠가는 달라질지 모르겠다. 개도 단어를 습득하는 놀라운 능력이 있기 때문이다.

카민스키 등(2004)은 콜리 종인 리코가 단어를 배워 가는 과정을 통해서 개의 언어 습득 능력을 밝혀냈다. 실험은 방 안에 열 개의 물건을 놓고 연구진이 물건의 이름을 말하면 리코가 그 물건을 가져오는 식으로 이루어졌다. 물건을 바꿔 가며 여러 번 반복한 이 실험은 높은 성공률을 기록했다. 리코는 200개 이상의 단어를 기억했다.

이 실험에서 가장 놀라운 것은 리코가 표상 대응 능력을 지니고 있다는 사실이었다. 표상 대응 능력이란 새로운 단어와 낯선 대상을 연결시켜 어휘를 확장시켜 나가는 것으로 두 살 이상의 어린이들에게서 발달하는 능력이다. 이 능력은 아이들이 어휘를 습득하는 중요한 과정인데 리코는 그것이 가능했다.

연구진은 리코 앞에 리코가 이름을 아는 물건 일곱 개와 리코가 한 번도 본 적이 없는 물건 한 개를 섞어놓았다. 그런 다음에 리코에게 모르는 물건의 이름을 대며 그것을 가져오라고 했다. 이 실험은 매우 빠른 속도로 진행되었는데 리코는 들어본 적 없는 그 단어가 8개의 물건 중에 자기가 한 번도 본 적이 없는 물건임을 빠르게 추론한 후 그 물건을 가져왔다. 놀라운 결과였다. 이를 통해 개는 두 살 이상 어린이와 동일한 언어 능력을 지니고 있다는 사실이 입증되었다.

또한 실험하고 한 달 뒤 리코를 다시 실험실로 데려왔을 때 연구자들은 리코가 시간이 지나도 익힌 단어를 계속 기억한다는 사실을 발견했다. 요컨대 리코는 그 단어를 '습득'한 것이다. 사람은 이런 능력을 서너 살 무렵에 획득한다. 세이덴베르크와 페티토(1987)에 따르면 침팬지도 이런 능력은 없을 뿐만 아니라 표상 대응 능력도 신속하지 못했다. 이런 결과를 바탕으로 심리학자들은 개를 '새로운 침팬지'로 여기기도 한다. 개가 인간 곁에서 진화하면서 인간을 이해하는 능력을 발달시켰다는 것이다.

그렇다면 '털북숭이 발'이 달렸다는 사실 외에 개와 어린아이의 차이는 무엇일까? 사람은 두 살 이후부터 같은 나이의 개보다 어휘가 더 풍부하고, 기억력이 뛰어나며, 어른을 이해하는 능력이 탁월해진다. 또 네 살 정도 되면 특정한 사람과 행동, 관계를 지칭하는 명사를 포함한 어휘력을 갖추게 되지만 네 살 리코는 주로 장난감을 가리키는 단어만 알 뿐이다.

블룸(2000)에 따르면 아홉 살 된 어린이는 1만 개의 단어를 알고, 매일 새로운 단어 열 개를 배운다. 반면 아홉 살인 리코는 200개의 단어를 안다. 이 시기 아이들은 우연히 들은 단어도 제 것으로 만드는 등 학습 능력이 뛰어나지만 리코는 주인과 놀이를 하는 상황에서만 단어를 익힐 뿐이다. 개는 주인이 이웃과 나누는 대화를 듣는 것만으로는 단어를 익히지 못한다.

단어를 인지할 때 아이들은 맥락과 관련을 짓는다. '공'이라는 단어를 들었을 때 공을 다양한 상황과 연관시킨다. 아이에게 공은 '공처럼 튀어 오르다.', '공처럼 둥글다.', '공을 가져오다.', '아빠랑 축구를 하다.' 등을 의미할 수 있다. 하지만 리코에게 공은 단지 '공을 가져오다.'와 '공을 가져오려면 어떤 곳을 지나야 한다.' 정도를 뜻할 뿐이다.

결론

함께 사는 개가 굉장한 의사소통 능력을 지녔다고 믿는 사람들이 많다. 심지어 말만 못할 뿐이지 사람과 다를 것이 없다고 말하는 사람들도 있다. 연구 결과 개는 침팬지를 넘어서는 능력이 있기 때문에 이 말은 틀린 말이 아니다. 따라서 나와 함께 사는 개가 200개 정도의 단어를 알고 있다는 사실을 늘 기억하기 바란다. 물론 그 단어가 어떤 것인지는 집집마다 다르니 각자 알아봐야 한다.

2 변기에서 소변을 보는 아기고양이

낯선 상황 테스트 등 동물 지능을 알아보는 갖가지 실험

개는 영리한 동물일까? 이 질문에 과학자들은 만장일치의 답을 내놓지 못한다. 하지만 개가 정이 많다는 것은 인정한다. 개와 사람을 이어주는 유대는 둘 사이의 깊은 정서적 관계에 기반한다는 것도 인정한다. 예를 들어 프라토-프레비데 등(2003)의 연구에 따르면 '낯선 상황' 테스트(80쪽의 '고양이는 사람이 아닌 집에 애착을 갖는다?' 참조)를 받는 개는 주인이 없으면 불안감을 느끼지만 반려인이 나타나면 매우 반기며 기뻐한다. 이것은 일반적으로 개가 반려인에 대해 '안정 애착'엄마와 아기 사이의 관계를 설명하는 용어로 엄마가 없을 때 불안해하지만 엄마가 돌아오면 안정을 찾는 현상-편집자 주이라고 하는 감정을 지니고 있음을 보여 준다.

이탈리아의 파르마 대학교 연구팀은 시각장애인 안내견을 대상으로 연구를 수행했다(Fallani, Prato-Previde & Valsecchi, 2007). 이 연구는 래브라도리트리버와 골든리트리버 57마리를 대상으로 이루어졌다. 개를 낯선 환경으로 데려가서는 각각 다른 상황을 3분씩 경험하게 하는 테스트였다. 처음에 개를 낯선 사람과 3분 동안 함께 있게 한 후에 반려인을 들여보내 셋이 함께 있게 했다. 그런 다음 3분 후에 다시 반려인을 내보냈다. 이렇게 다양한 단계를 거치는 동안 연구자들은 개의 심장 기능 변화를 기록했다. 그 결과 낯선 사람과 있는 동안에는 개의 심장 박동수가 증가하다가 반려인과 있을 때는 감소하는 것으로 나타났다. 또한 골든리트리버가 래브라도리트리버보다 더 불안해한다는 사실도 밝혀졌다. 결과적으로 개는 아이들이 엄마와 있을 때 안심하는 것과 마찬가지로 반려인이 가까이 있어야 마음이 편안해졌다.

뛰어난 적응력

이처럼 개는 사람과 정서적으로 밀접한 관계를 맺고 엄마와 아기 사이의 관계와 유사한 모습을 보인다. 그렇다면 지능은 어떨까? 지능은 '추론을 바탕으로 또는 이전의 경험에서 얻은 것을 통해 새로운 문제를 푸는 능력'이라고 정의할 수 있다. 요컨대 '적응력'이라는 말이다.

지능의 주요 기준이 적응력이라면 지능은 환경에 따라 달라진다. 예를 들어 파푸아뉴기니 원주민은 지능 테스트에서는 형편없는 점수를 받을지 모르지만 뉴기니 숲에는 훨씬 더 잘 적응할 것이다. 마찬가지로 동물도 그들의 환경에서 더 영리하게 적응하는 모습을 볼 수 있다. 차니(2005)의 연구에 따르면 늑대는 숲에 잘 적응하고, 개는 인간의 집에 잘 적응한다. 그런 이유로 늑대보다 개가 사람과 더 잘 소통하는 것이다. 개는 사람의 시선을 쫓아갈 줄 알지만 늑대는 그렇지 않다. 동물행동학 전문가인 차니에 따르면 개가 늑대보다 영리하다. 인간의 동작을 이해하는 능력이 늑대나 침팬지보다도 개가 뛰어나기 때문이다.

하버드 대학교의 브라이언 헤어도 같은 의견을 내놓는다. 헤어는 셰퍼드는 인간에게 길들여졌기 때문에 영리해졌다고 말한다. 인간이 셰퍼드에게 복합적인 일을 할 수 있도록 할 일을 정해 주었기 때문이라는 것이다. 결국 개의 지능이 높아지도록 자극한 존재는 인간이고, 늑대는 인간과 접촉해서 살지 않았기 때문에 영리해지지 못했다고 주장한다.

이를 입증하기 위해 헤어는 우리에 갇혀서 생활하는 늑대와 개를 대상으로 실험을 했다. 나무 그릇을 뒤집어놓고 그 속에 먹이를 감춘 다음 개와 늑대에게 각각 먹이가 있는 방향을 가리키는 몸짓을 했다. 그러자 개는 먹이를 쉽게 찾아낸 데 비해 늑대는 성과가 좋지 않았다. 그렇다면 이것이 개가 늑대보다 영리하다는 증거가 될까?

플로리다 대학교의 모니크 유델은 그렇게 여기지 않는다. 유델은 앞의 브라이언 헤어의 실험을 재현했는데 이번에는 사람의 손에서 자란 늑대와 사람과 함께 사는 개, 사육장에서 자라 사람과 접촉한 적이 거의 없는 개를 대상으로 삼았다. 그러자 다른 결과가 나타났다.

사람의 손에서 자란 늑대가 가장 좋은 성적을 거두었고, 그다음이 사람과 함께 사는 개, 마지막이 사육장에서 자란 개였다. 이 실험을 통해 두 가지 사실을 알 수 있다. 동일한 조건에서는 늑대가 개보다 일부 문제를 더 잘 해결한다는 것과 사람과 함께 살면 늑대와 개 모두 지능이 자극받는다는 것이다.

이미지 분류 능력

또 다른 실험도 있다. 랑게 등(2007)은 개가 사람이 하는 다양한 일을 해낼 수 있다는 사실을 입증했다. 연구자들은 터치 모니터 앞으로 개를 데려가서는 사진 두 장을 동시에 보여 주었다. 한 쪽은 풍경 사진, 다른 한 쪽은 개 사진이었다. 모니터에 발을 대 사진을 선택하는 법을 가르친 다음에, 몇 마리에게는 풍경 사진을 고르면 먹을 것을 주고, 다른 몇 마리에게는 개 사진을 고르면 먹을 것을 주었다.

그런 다음 개에게 먼젓번과 다른 개와 풍경 사진을 보여 주었다. 그러자 훈련받은 대로 풍경 사진을 선택했던 개는 풍경 사진을, 개 사진을 선택했던 개는 개 사진을 계속해서 골라냈다. 이는 개가 시각적으로 이미지를 분류하고 새로운 상황에 자신의 지식을 전이할 수 있음을 의미한다.

이어진 실험에서는 개가 있는 풍경 사진, 개가 없는 풍경 사진 등을 개에게 보여 주었다. 그런데 이번에도 개는 혼동하지 않았다. 모순적인 정보가 제시되는 상황에서도 개 사진을 선택했던 개들은 풍경과 개가 함께 있는 사진을 골랐다. 이런 결과는 개가 '개'라는 개념을 형성할 수 있음을 의미한다. 물론 이 실험이 개가 개 이미지를 실제 개로 인식했는지는 알려 주지 않지만 개도 사람과 마찬가지로 복합적인 이미지를 분류하고 각각 다른 범주에 배치할 수 있음을 의미한다.

모방 능력

이미 여러 실험을 통해 개가 사람을 따라할 수 있다는 사실은 입증되었다. 개는 사람을 통해 학습할 줄 아는 사회적 지능을 가졌기 때문이다. 실제로 토팔 등(2006)은 네 살 된 벨기에 테뷰런 셰퍼드인 '필립'이 관찰만으로 사람의 행동을 따라할 수 있다는 증거를 제시했다.

연구자들은 바닥에 있던 병을 다른 곳으로 옮긴 뒤 필립에게 따라해 보라고 말했고 필립은 연구자를 따라서 병을 옮겼다. 이는 우연이 아니라 개가 모방하는 능력이 있다는 사실을 의미한다. 개는 시각적 관찰을 통해 물건을 옮기는 일련의 동작을 인지할 수 있는 것이다. 처음 상태(병이 어떤 장소에 놓인 상태)를 파악하고, 목표(병을 다른 곳에 옮겨놓는 것)에 도달하기 위해 취해야 하는 방법(입으로 병을 무는 것)을 지각한 것이다. 이처럼 개는 인간과의 접촉을 통해 여러 능력을 지니게 된다.

강아지나 아기고양이들은 어른 개나 고양이보다 사람을 훨씬 더 잘 모방한다. 사람을 포함해 모든 동물의 습득 가능성은 어릴 때 더 높기 때문이다. 덕분에 사람이 변기에 앉아서 소변을 보는 모습을 그대로 따라하는 아기고양이도 있다. 이런 이유로 모든 동물은 너무 일찍 어미에게서 떨어져서는 안 된다. 어미가 젖을 주면서 어른을 모방하고 권위에 복종하는 법 등을 새끼에게 가르치기 때문이다. 어미에게서 일찍 떨어진 동물은 공격성과 지배적인 행동, 반사회적인 행동을 더 많이 보인다.

반려인의 행동 알아채기

빈 대학교의 크리스티네 슈바프와 루트비히 후버(2006)는 개 16마리와 반려인을 대상으로 실험을 했다. 반려인이 개에게 엎드리라고 한 뒤 다른 일을 할 때 반려인이 개에게 주의를 기울이는지 그렇지 않은지에 따라 개의 행동이 어떻게 달라지는지를 알아보는 실험이었다.

반려인이 엎드리라고 한 뒤 계속 개를 지켜보면 개는 바닥에 그대로 엎드려 있었다. 하지만 반려인이 책을 읽거나 TV를 보거나 등을 돌리거나 방에서 나가면 개는 슬쩍 일어섰다. 이 결과는 개가 사람의 시선이나 몸짓, 얼굴 방향 등 다양한 요소를 관찰하면서 반려인이 자기에게 주의를 기울이는지 그렇지 않은지를 지각한다는 사실을 보여 준다.

연역적 방법으로 추론하기

개가 연역적 추리를 통해 장난감을 찾을 수 있음도 밝혀졌다. 에르도헤지 등(2007)은 똑같은 그릇 두 개를 엎어놓고 그중 한 개에만 장난감을 넣어두었다. 그런 다음 빈 그릇을 들어올려 그곳에 장난감이 없음을 개에게 보여 준 후 장난감을 가져오라고 말하자 개는 정확하게 장난감이 든 그릇을 선택했다. 장난감을 가져오라는 말의 의미를 아는 개는 한 쪽 그릇에 장난감이 없는 것을 보고서 다른 그릇에 장난감이 있다고 추론한 것이다. 이를 통해 개는 배제를 통한 연역적 추론을 할 수 있음이 밝혀졌다.

또한 연구자들은 사람이 시선, 몸짓 등의 소통 신호를 보내면 개는 더 이상 추론하지 않고 사람의 신호를 따른다는 것도 밝혀냈다. 사람을 믿는 개는 일단 사람의 지시가 있으면 스스로 추리하는 것을 포기했다. 따라서 개가 잘 해내지 못할 거라는 사람들의 편견은 개의 추론 능력을 제한한다고 볼 수 있다. 사람의 과소평가가 개의 능력을 떨어뜨리는 것이다.

양을 비교하는 수학적 능력

2007년 워드와 스무츠는 개가 양을 비교할 수 있음을 입증했다. 연구자들은 개에게 소시지 덩어리가 가장 많이 든 그릇을 고를 수 있는 능력이 있는지를 테스트하기 위해 개 20여 마리에게 각각 다른 양의 소시지가 담긴 접시 두 개를 보여 준 뒤 뚜껑을 닫았다. 그런 다음 개에게 원하는 그릇을 고르게 했다. 냄새가 판단에 영향을 끼치지 못하도록 조치한 후 실험했다.

이 실험은 한 쪽 접시에는 소시지 한 조각을 놓고 다른 접시에는 두 조각을 놓는 식으로 총 여덟 개의 조합으로 이루어졌다. 자세히 살펴보면 1 vs 4, 1 vs 3, 2 vs 5, 1 vs 2, 2 vs 4, 3 vs 5, 2 vs 3, 3 vs 4 등으로 양의 차이가 많은 것도 있고 적은 것도 있었다. 실험이 시작되자 모든 개는 어김없이 소시지가 많이 담긴 그릇을 선택했다. 이 실험을 통해 개가 원숭이와 마찬가지로 이미지를 떠올려 양을 비교하는 능력이 있음이 확인되었다.

이렇듯 개의 여러 가지 능력이 밝혀졌는데도 불구하고 레이 코핑거 등의 일부 전문가는 여러 이유로 개가 영리하지 않다고 주장한다. 개는 시간 개념이 없어서 개념화 능력이 매우 약하고, 거울에 비친 자신을 알아보는 자각 능력이 없다는 것이다. 또한 개가 짖는 행위는 의지적으로 습득한 행위가 아니기 때문에 자신이 어떤 행위를 하는지 알지 못하는 지향성 없는 행동이라고 주장한다.

물론 개가 지능을 갖춘 존재임을 명백히 밝히는 것은 쉬운 일이 아니다. 하지만 개의 지능에 등급을 매긴 심리학자가 있다. 캐나다 브리티시 컬럼비아 대학교의 심리학 교수인 스탠리 코렌은 그의 책 《개의 지능》에 개의 지능에 대한 연구 결과를 발표했다. 그는 개와 함께 사는 반려인과 훈련사, 수의사들에게 질문지를 보낸 후에 받은 답변을 분석해서 개의 지능에 등급을 매겼다. 그가 보낸 질문지에는 다음과 같은 질문이 들어 있었다. '당신이 현관문 밖에 섰을 때 개가 당신이 왔는지 알아채고 문 앞으로 달려오는 데 걸리는 시간은?', '간식을 숨겨놓고 개가 그것을 찾아내는 데 걸리는 시간은?', '개의 머리와 어깨에 수건을 두르고 개가 그것을 푸는 데 시간이 얼마나 걸리는지 기록하시오' 등등.

질문지를 모두 수거한 후 코렌은 개의 지능에 등급을 매겼다. 코렌이 등급을 매긴 기준은 본능적 지능, 복종 정도, 문제 해결 능력 등이었는데 등급표는 오른쪽의 표와 같다. 가장 영리하다고 평가된 종은 1번, 가장 덜 영리하다고 평가된 종은 80번이다.

1	보더콜리	28	슈나우저(자이언트)	55	스카이테리어		
2	저먼셰퍼드	29	부비에 데 플랑드르	56	노폭테리어		
3	푸들	30	보더테리어	57	퍼그		
4	골든리트리버	31	웰시 스프링어 스패니얼	58	프렌치 불도그		
5	도베르만	32	맨체스터테리어	59	말티즈, 그리폰		
6	셔틀랜드 쉽도그	33	사모예드	60	이탈리아 그레이하운드		
7	래브라도리트리버	34	뉴펀들랜드	61	차이니즈 크레스티드		
8	스패니얼 파피용	35	아이리시 세터	62	레이크랜드테리어		
9	로트와일러	36	노르웨이언 엘크하운드	63	보브테일, 올드 잉글리시 쉽도그		
10	오스트레일리안 캐틀 도그	37	미니어처 핀셔	64	그레이트 피레니즈		
11	웰시코기	38	노르위치테리어	65	세인트버나드		
12	슈나우저(미니어처)	39	달마시안	66	불테리어		
13	잉글리시 스프링어	40	폭스테리어	67	치와와		
14	테뷰런	41	아이리시 울프하운드	68	라자압소		
15	스키파키	42	오스트레일리안 셰퍼드	69	불마스티프		
16	콜리	43	피니시 스피츠	70	시추		
17	저먼 쇼트헤어드 포인터	44	저먼 와이어헤어드 포인터	71	바셋하운드		
18	잉글리시 코커스패니얼, 스탠더드 슈나우저	45	비숑 프리제	72	마스티프		
19	브리타니	46	티베탄스패니얼	73	비글		
20	코커스패니얼	47	웨스트 하일랜드 화이트테리어	74	페키니즈		
21	바이마라너	48	복서, 그레이트덴	75	세인트 휴버트-블러드하운드		
22	버니즈 마운틴 도그	49	닥스훈트	76	보르조이		
23	포메라니안	50	말라뮤트	77	차우차우		
24	아이리시 워터 스패니얼	51	샤페이	78	잉글리시 불도그		
25	비즐라	52	로데시안 리즈백	79	바센지		
26	카디건 웰시코기	53	아이리시테리어	80	아프간하운드		
27	요크셔테리어	54	아키타, 보스턴테리어				

코렌에 따르면 상위 10종(보더콜리에서 오스트레일리안 캐틀 도그까지)은 명령을 5회만 반복하면 새로운 것을 쉽게 터득한다. 이들은 배운 내용에 대한 기억력이 뛰어나고 반응 속도가 빨랐다.

반면 하위 10종은 작업 능력이 부족하고 반려인의 말을 잘 듣지 않는다. 이들은 새로운 명령을 잘 이해하지 못하고, 확실하게 이해했는지 확인하기까지 80회가량 반복해야 했다. 또한 멀리 가는 개를 목이 쉴 정도로 불러도 아무 소용없는 '불러도 대답 없는 개'인 경우가 많았다. 주로 반려인은 아랑곳하지 않고 제 갈 길을 가는 개가 하위권이었다.

결론

여러 실험을 통해 개는 후각만 뛰어난 것이 아니라 예상 밖의 능력이 있음이 입증되었다. 언어 능력은 물론 추리 능력, 수학 능력, 분류와 모방 능력까지 있다. 이런 유형의 연구는 여러 분야에서 개가 중요한 일을 맡아서 할 수 있다는 근거가 되기도 한다. 장애인을 돕는 일에 개를 활용할 수도 있고, 적은 노력으로 개에게 많은 일을 가르칠 수도 있다는 점에서 개의 지능을 탐구하는 연구는 충분한 가치가 있다.

"예쁜 야옹이, 맘마 먹을까요?"
아기에게 말하듯 반려동물에게 말하는 경향

엄마, 아빠가 아기와 나누는 대화를 들어보았을 것이다. 형식과 규칙, 구문, 어휘 등 모든 면에서 이들의 대화는 고전문학 시험에서 요구하는 문장과는 거리가 멀어도 한참 멀다. 아이한테 젖병을 물리며 "예쁜 우리 딸, 맘마 먹을까?"라고 하지 "나의 작은 딸이여, 내가 너를 위해 준비한 훌륭한 음식이 여기 있노라."라고 말하지는 않을 테니 말이다. 부모가 이런 식으로 말하는 이유는 딱 하나다. 아기의 눈높이에 맞춰서 말하는 것이 아기가 더 잘 알아들을 것이라고 생각하기 때문이다. 이렇게 말할 때 아이가 더 빨리 말을 배운다는 사실은 치코티(2006)의 연구를 통해 증명되기도 했다.

이런 관점에서 일부 연구자들은 우리가 동물의 능력을 어떻게 인지하고 있는지가 동물을 대하는 방식에 영향을 끼친다고 여겼다.

심즈와 친(2002)은 고양이들이 좋아하는 장난감인 캣타워가 있는 방에 두 살 된 고양이와 대학생을 함께 들여보냈다. 그러고는 대학생에게 고양이가 3분 만에 캣타워를 사용하게 만들라고 지시했다. 단, 절대로 고양이를 만져서는 안 되고, 오직 말과 몸짓으로만 표현해야 한다고 했다.

연구진은 대학생들과 고양이의 상호작용을 관찰하며 사용하는 단어와 빈도, 문장 구조 등을 분석했다. 예를 들어 "야옹아, 저 위로 깡총 뛰자!"라는 말을 "자, 위로 올라가."라는 말보다 더 유아적인 것으로 평가했다. 이런 식으로 동물과의 언어 상호작용이 지닌 유아적인 성격을 측정했다. 실험이 끝난 후에는 대학생들에게 고양이를 얼마나 영리하다고 생각하는지를 물었다.

그 결과 고양이의 지능에 대한 인식과 참여자가 사용한 언어 수준 사이에 상호 관계가 있음을 알아냈다. 고양이가 영리하다고 생각하는 참여자일수록 제대로 구성된 문장을 사용한 반면, 영리하지 못하다고 생각하는 참여자일수록 고양이에게 유아적인 방식으로 대화를 한 것이다. 또한 고양이가 영리하다고 생각하는 참여자일수록 격려하는 말을 많이 했다. 상호작용 시간과 문장의 길이, 단어 수에도 같은 결과가 나왔다.

뿐만 아니라 고양이가 영리하다고 생각한 경우에는 어른을 대하는 것처럼 다양한 움직임과 몸짓만 보인 반면, 영리하지 못하다고 생각한 경우에는 제한적이고 한정적인 움직임과 몸짓을 보인 것으로 나타났다.

그렇다면 개한테는 어떨까? 프랑스 가수 리샤르 고테네르의 〈유키〉라는 유명한 노래 가사를 보자. 여기서 유키는 개의 이름이다.
"유키는 어디 있었쪄요? 할부지는 어디 있쪄요? 멍멍 짖는 할부지는?"

가사가 유치하다 싶을 정도다. 그렇다면 나는 개에게 어떻게 말할까? 위의 노래처럼 혀짧은 소리를 내고 있지는 않을까?

미쳴(2001)은 인간과 개 사이의 언어적 의사소통 방식을 연구했다. 연구에서 우리가 아기에게 말을 거는 방식(Ciccotti, 2006)과 개에게 말을 거는 방식 사이에 유사성이 많음을 발견했다. 사람들은 아기에게 말할 때나 개에게 말할 때 모두 목소리 톤을 높이면서 단순한 단어를 반복적으로 사용했다. 차이점도 있었다. 개한테 말을 할 때는 더 짧은 문장을 사용하고, 명령을 많이 했다. 반면 아기에게는 질문을 많이 했다.

다음 두 문장 중 어느 것이 개에게 하는 말일까?
"아니, 이게 무슨 소리야? 우리 티티가 꺼억 하고 트림을 했네."
"티티, 바구니 속으로 들어가. 이리 와. 엄마 옆에서 코 자자."

누가 봐도 답은 뻔하다. 유아 단어를 사용하는 등 비슷한 언어 형식을 띠지만 두 번째 문장은 주로 명령문이다. 첫 번째 문장이 아기에게, 두 번째 문장이 개에게 한 말이다.

그렇다면 우리는 아기를 개처럼 다루는 것일까, 아니면 개를 아기처럼 사랑하는 것일까? 아무래도 후자 쪽이 더 그럴듯해 보인다. 그렇다면 우리가 이렇게 말하는 이유는 무엇일까? 사람들이 아기나 개를 대상으로 이런 방식으로 말하는 이유는 아기나 개가 이해력을 갖추고는 있지만 이해력에 한계가 있고 생각하는 능력이 떨어진다고 생각하기 때문이다. 따라서 목소리 톤을 과장해서 노래하는 듯한 말투로 단어와 문장을 뭉그러뜨려서 발음한다.

결론

　사람은 상대방의 수준에 내 언어 수준을 맞추려고 노력한다. 이런 행동은 동물을 대할 때도 마찬가지다. 그런데 왜 사람은 동물과 제대로 소통하지 못할까? 그건 아마도 사람이 동물의 지각 수준을 너무 낮게 보기 때문에 거기에 맞춰서 언어 수준을 낮추기 때문일 것이다. 그리고 격려하는 말도, 소통의 이해를 돕는 몸짓도 잘 하지 않는다. 그러다 보니 서로에 대한 이해가 가로막히게 되는 것이다. 만약 사람이 동물의 능력을 높게 보고 거기에 맞춰서 대화한다면 훨씬 더 원활하게 소통할 수 있을 것이다.

　그러다 보니 어른과 아이의 관계에서 이루어지는 언어적 상호작용의 방식과 용법이 반려동물에게 그대로 전이된다. 우리가 반려동물에게 품는 감정이 어린아이를 대할 때와 비슷해서 무의식적으로 이런 현상이 일어나는 것이다. 사람들은 개와 고양이에게 아기를 대하듯이 유아적으로 말하면서 그렇게 하면 동물도 즐거워한다고 생각한다.

　하지만 전문가들은 동물 교육이 실패하는 원인으로 동물의 능력에 대한 편견을 꼽는다. 동물이 멍청하다는 편견을 가지고 있으면 교육은 실패할 수밖에 없다. 동물을 이해시키려는 노력은 해보지도 않고 "역시 고양이랑은 안 통할 줄 알았어. 어쩜 이렇게 말귀를 못 알아듣냐!"라고 생각하게 된다. '피그말리온 효과'는 아이들에게만 해당하는 것이 아니라 동물에게도 해당된다는 것을 기억하자.

사진 속에서 엄마를 찾아봐
사람 얼굴을 구별하는 개의 능력을 알아보는 아다치 등의 연구

개가 반려인을 알아보려면 냄새, 목소리, 몸짓 등의 물리적 요소가 필요하다고 여긴다. 과연 그럴까? 우리집 개가 신문에 실린 내 사진을 알아볼까?

아다치 등(2007)은 모니터 앞에 개를 앉히고 목소리와 함께 사진을 보여 주었다. 반려인의 목소리를 들려주면서는 반려인의 사진을, 낯선 사람의 목소리를 들려주면서는 낯선 사람의 사진을 보여 주었다. 이어서 반려인의 목소리와 낯선 사람의 목소리를 들려주면서 반려인의 사진을 보여 주었다. 마지막으로 반려인의 목소리와 낯선 사람의 목소리를 들려주면서 낯선 사람의 사진을 보여 주었다.

그 결과, 반려인의 목소리가 들리는데 낯선 사람의 사진이 보이면 개는 깜짝 놀랐다. 반면에 반려인의 목소리가 들리면서 반려인의 사진이 보이면 사진을 오랫동안 바라보았다. 반려인의 목소리가 들린 후 낯선 사람의 사진이 보이면 깜짝 놀란 이유는 무엇일까? 이는 반려인의 얼굴을 기대했던 개의 예상과 일치하지 않았기 때문이다. 연구자들은 이 실험 결과를 개가 반려인의 모습을 시각적인 이미지로 기억한다는 증거라고 밝혔다. 반려인의 목소리가 들리면 개는 기억하고 있는 반려인의 이미지를 형상화시키는데 보이는 얼굴이 자기가 기억해 낸 반려인의 얼굴과 같지 않아서 깜짝 놀란다는 것이다.

결론 개가 사람을 기억하는 데 냄새나 목소리 같은 물리적 요소가 반드시 필요한 것은 아니다. 개는 반려인의 사진을 보여 주기만 해도 반려인을 알아보았다. 따라서 개는 어디에서 우리의 목소리를 듣든 상관없이 바로 머릿속에 우리의 얼굴을 떠올린다는 사실을 기억하자.

침팬지·늑대·개·고양이 중 누가 더 똑똑할까?

인간을 이해하는 동물의 능력 비교 연구

인간과 가장 비슷한 동물은? 아마도 '침팬지'라고 답하는 사람이 많을 것이다. 사람들은 인간과 원숭이 사이의 의사소통이 인간과 개 사이의 의사소통보다 뛰어나다고 생각한다. 과연 그럴까? 우리는 가끔 흔히 알고 있는 생각이 현실과는 다르다는 사실을 알게 된다.

헝가리 부다페스트 대학교의 동물행동학자 소프로니 등(2001)은 이를 알아보려고 사람과 개, 원숭이가 참여해서 소통하고 상호작용하는 상황을 연출하고 관찰했다. 어떤 결론이 나왔을까? 실험 결과 개가 원숭이만큼이나 인간의 의사소통을 잘 이해했으며 동일한 상황에서 어린아이가 거둘 수 있는 것과 같은 성과를 거두었다. 연구진은 먹이를 숨겨 놓고 여러 가지 방법을 통해 개가 먹이를 찾도록 하는 연구를 수행했다. 먹이가 있는 곳을 손가락으로 가리키는 방법, 먹이가 있는 곳을 향해 머리를 돌리거나 시선을 향한 채 뚫어지게 바라보는 방법, 먹이가 있는 곳을 향해 몸을 구부리거나 고갯짓을 하는 방법 등으로 나눠서 실험했다.

여러 방법 가운데 개가 가장 어려워한 방법은 주인이 먹이를 숨긴 곳으로 고개는 돌리지 않은 채 눈짓만 할 때였는데, 이 경우에도 몇몇 개는 본능적으로 먹이를 찾아냈다(Mckinley & Sambrook, 2000). 다른 실험에서는 훈련을 받은 뒤에는 어떤 방법이든 상관없이 모두 먹이를 찾아냈다(Miklósi, Polgardi, Topál & Csányi, 1998).

이처럼 개가 인간의 의사소통 방식을 잘 이해하는 이유는 수천 년 전부터 인간과 함께 살아왔기 때문이다. 오래전부터 개의 거처는 인간의 집이었고, 오랫동안 공동 진화한 덕택에 개는 인간의 의사소통 방식에 적응하게 된 것이다. 헤어와 토마셀로(1999)는 인간과 함께 산 경험이 적은 생후 6개월 된 강아지도 어른 개만큼 사람이 가리키는 물건을 능숙하게 찾는 것을 확인하고, 이는 개와 인간의 공동 진화의 흔적이라고 밝혔다.

뿐만 아니라 수백 년이 흐르는 동안 인간이 함께 살기에 적합한 견종을 선택한 것도 또 다른 이유다. 미클로시 등(1998)은 개 중에서도 가장 사회적이고 충직한 개체를 선택, 교배시키면서 협조적이면서 인간의 의사소통 방식을 쉽게 이해하는 혈통이 현재까지 이어졌다고 보았다.

하지만 늑대의 경우는 다르다. 늑대는 개처럼 어린 늑대에게서는 인간과의 원활한 의사소통 능력이 보이지 않는다(Miklósi, Gácsi,

Kubinyi, Virányi & Csányi, 2002). 늑대는 개와 달리 물건을 가리키는 인간의 손을 계속 쳐다보지 않고 자연스럽게 시선을 피하기까지 한다(Miklósi, Kubinyi, Topál, Gácsi, Virányi & Csányi, 2003). 그리고 문을 열거나 먹이를 받아먹는 행동에서 개는 자신의 욕구를 알리려는 듯 크게 짖고 사람을 쳐다보지만 늑대는 절대로 그렇게 하지 않았다.

또한 영장류라고 해서 모두 사람을 잘 이해하고 의사소통을 잘 하는 것도 아니다. 콜과 토마셀로(1996)의 연구에서 대부분의 영장류는 사람의 시선을 쫓아갈 줄 알았지만, 침팬지를 포함한 여러 종은 개만큼 사람이 보내는 신호를 해석하지 못했다. 이는 유전의 영향력을 증명한다. 인간과 함께한 오랜 역사 속에서 개는 인간과 의사소통하는 능력을 유전자에 각인시킨 것이다.

미클로시 등(2005)은 고양이도 개와 유사한 성과를 거두는지 알아보려고 고양이 14마리, 개 14마리를 비교하면서 실험을 수행했다. 첫 번째 실험에서는 먹이를 숨기고 반려인이 손가락으로 먹이를 가리켰다. 실험 결과 개와 고양이 사이에 전혀 차이가 없었다. 고양이도 사람의 의사전달 방식을 매우 잘 이해했다.

하지만 다음 실험에서는 다른 결과가 나왔다. 손이 닿지 않는 곳에 먹이를 숨기고 개와 고양이의 행동을 지켜보자 개는 먹이를 먹으려고 시도하다가 불가능하다는 사실을 깨닫고 사람에게 도와달라는 행동을 보였다. 하지만 고양이는 스스로 먹이를 잡으려고 계속 노력할 뿐 사람에게 도움을 요청하지는 않았다. 개와 고양이의 차이가 드러난 것이다.

또한 개는 고양이보다 훨씬 더 오랫동안 사람의 얼굴을 쳐다봤다. 개는 사람이 원하는 것이 무엇인지 알기 위해 사람의 얼굴을 쳐다볼 뿐만 아니라 '언제 먹을 수 있을까?', '저 먹이 좀 먹게 도와줘!'라는 식으로 자신이 원하는 것을 사람에게 전달하기 위해서도 사람의 얼굴을 쳐다봤다.

결론 인간과의 의사소통에 관한 한 개는 '인간의 가장 좋은 친구'라는 말을 들을 만하다는 사실이 확인되었다. 개와 인간 사이의 의사소통이 이토록 용이해진 것은 개와 인간의 역사 중에서도 비교적 최근 수백 년 동안에 일어났다. 인간이 함께 사는 데 필요한 교육을 집중적으로 시키면서 이런 능력이 유전된 것이다.

그런데 고양이는 그렇지 않다. 서로의 얼굴을 바라보고 시선을 맞추는 것이 의사소통의 기본인데 고양이는 이런 교육이 되지 않았다. 고양이는 의사소통을 할 때도 사람의 마음보다는 고양이 자신의 마음이 더 중요하다.

5장 동물은 **건강 지킴이**

동물이 인간에게 끼치는 영향은 많은데 그중 인간의 건강에 미치는 영향은 막대하다. 존재만으로 건강에 좋은 영향을 끼치기도 하고, 병에 걸린 사람의 치료 과정에 참여하는 치료 보조자도 되고, 심지어 환자의 발작 위험을 예고하는 예방 보조자도 된다. 동물이 사람들과 단순히 함께 사는 것이 아니라 인간의 건강과 활력을 책임지고 있음을 확인할 수 있다.

개와 살아야 건강할까?
고양이와 살아야 건강할까?

개와 고양이 반려인의 건강 비교

개보다 고양이를 더 좋아하는 사람들은 종종 고양이가 독립적이고, 조용하며, 예쁘고, 대소변을 잘 가리고, 산책을 시키지 않아도 되어서 좋다고 말한다. 반면에 개를 좋아하는 사람들은 개가 더 정이 많고, 주인에 대한 애착이 강하다고 주장한다. 그들의 주장을 듣고 있으면 독립적인 성격의 사람들은 고양이를, 끈끈한 관계를 원하는 사람들은 개를 입양하고 싶어할 것이다. 하지만 반려인의 건강을 기준으로 한다면 개와 고양이 중 어떤 반려동물과 사는 것이 더 좋을까? 일반적인 생각대로 개와 사는 사람이 고양이와 사는 사람보다 건강할까?

개와 사는 사람들과 그렇지 않은 사람들을 비교하는 연구를 통해 다음과 같은 여러 가지 결과가 드러났다.

- 특수 클리닉에서 치료를 받는 환자 5,741명을 대상으로 수행한 연구에서 개와 사는 사람, 특히 남성에게서 심혈관 질환이 발생할 위험이 감소했다(Anderson, Reid & Jennings, 1992).
- 노인 집단 중 반려동물과 함께 사는 노인은 혈중 지방 성분인 트리글리세리드 수치가 낮았다(Dembicki & Anderson, 1996).

이처럼 반려동물이 인간의 건강에 유익하다는 것은 여러 연구를 통해 오래전에 밝혀졌다. 윌슨과 터너(1998)도 반려동물과 함께 사는 사람들은 그렇지 않은 사람들보다 더 건강하다는 연구 결과를 발표했다.

그렇다면 개와 고양이 사이에도 차이점이 있을까? 사실 개를 키우는 사람과 고양이를 키우는 사람 사이의 차이에 대한 연구는 시작된 지 얼마 되지 않는다. 서펠(1991)은 개, 고양이를 입양한 후 열 달 동안 주인들의 건강 변화를 조사했다. 그 결과 반려동물을 입양한 첫 달부터 두통, 감기, 현기증 같은 경미한 질환의 발생 빈도가 현저하게 줄었다. 하지만 개와 고양이 사이의 차이점은 발견되지 않았다.

많은 연구 결과를 통해 개와 고양이뿐만 아니라 다양한 종의 반려동물이 반려인의 건강에 긍정적인 영향을 끼친다는 것은 명백히 밝혀졌는데, 개와 함께 사는 반려인이 유독 건강하다는 연구 결과가 많다. 프리드만과 토머스(1995)는 개와 사는 반려인이 고양이와 사는 반려인보다 더 건강하다는 결과를 연구를 통해 입증했다. 이들의 연구에 따르면 개의 반려인이 고양이의 반려인보다 심장발작

후 1년 뒤에 생존할 가능성이 거의 열 배나 높았다.

벨파스트의 퀸 대학교에서 심리학 연구원으로 일하는 데보라 웰스도 개 반려인과 고양이 반려인 사이의 '신체적·심리적 안정'상의 차이를 입증했다. 특히 경미한 질환은 고양이를 입양했을 때보다 생후 10개월 이상 된 개를 입양했을 때 더 지속적으로 감소하는 경향을 보였다.

그렇다면 개와 사는 사람이 고양이와 사는 사람보다 더 건강한 이유는 뭘까? 윌슨(1991)은 개가 주인의 스트레스를 완화시키기 때문이라고 분석했다. 예를 들어 개를 쓰다듬고 개에게 말을 거는 것만으로도 혈압과 맥박수가 낮아졌기 때문이다. 앨런 등(1991, 2002)은 스트레스를 받는 상황에서는 개와 함께 있기만 해도 스트레스로 인한 땀 분비가 줄어들고, 혈압과 맥박수가 낮아진다는 연구 결과를 내놓았다. 뎀비키와 앤더슨(1996)은 반려인이 개와 함께 산책하면서 운동량이 증가해 건강을 유지하는 데 간접적인 도움을 받는 것으로 분석했다.

뿐만 아니라 개는 간질 같은 일부 신체 질환에 대해 조기 경보를 하는 역할도 하고, 장애인 도우미견으로 인간의 삶의 질을 현저하게 향상시키는 역할도 한다.

영국안내견협회는 2만 1,000명이 넘는 시각장애인에게 안내견을 분양해서 이들을 돕는 데 성공했다. 연구를 통해 안내견은 시각장애인의 이동에 도움을 줄 뿐만 아니라 고립감을 줄이고 자신감과 독립심, 사회적 정체성을 증진시키며 심리적 안정에도 명백히 기여함을 입증했다(Hart, Zasloff & Benfatto, 1995; Lane, McNicholas & Collis,

1998; Sanders, 2000; Stenffens & Bergler, 1998). 또한 도우미견은 장애인의 대인관계를 넓혀주는 역할도 한다. 하트와 그의 연구진(1987)의 연구에 따르면 휠체어를 타는 사람들이 도우미견과 함께 장을 볼 때는 모르는 사람들과 평균 8회 다정하게 인사를 나눈 반면 도우미견이 없을 때는 1회밖에 하지 못한 것으로 나타났다.

고양이가 반려인의 건강에 긍정적인 도움을 준다는 연구 결과도 있다. 스트레드와 게이츠(1993)는 고양이와 사는 92명과 반려동물과 같이 살지 않는 70명의 건강을 비교했다. 분석 결과 고양이와 사는 사람들이 그렇지 않은 사람보다 심리적으로 더 건강하며 정신질환 관련 문제도 적게 나타났다. 보다 최근의 연구에서는 고양이와 오랜 시간 함께 보내면 혈압이 낮아진다는 사실이 입증되었다(Somervill, Kruglikova, Robertson, Hanson & MacLin, 2008).

그런데 문제는 결과만 있을 뿐 원인을 밝히지 못했다는 점이다. 고양이와 사는 사람들이 정신적으로 더 건강한 이유가 무엇인지, 고양이와 살아서 정신적으로 더 건강해지는 것인지 아니면 정신질환 관련 문제가 적은 사람이 고양이를 더 많이 키우는 것인지 알 수 없기 때문이다. 앞으로 이에 대한 연구가 더 이루어지기를 바란다.

결론

건강을 위해 개와 고양이 중 누구와 함께 사는 것이 좋을까라는 질문에 확실한 답을 내리기는 어렵다. 겉보기에는 개가 건강면에서 더 도움이 되는 것 같지만 고양이와 사는 사람들도 동물을 키우지 않는 사람보다 건강하다는 결과도 있다. 고양이도 정신적인 면에서 많은 의지가 되기 때문이다. 건강은 신체적 건강에만 국한되는 것이 아니기 때문에 고양이가 반려인의 건강에 긍정적인 영향을 끼치는 것은 확실하다.

각종 연구 결과를 통해 개든 고양이든 반려동물과 사는 것이 아예 키우지 않는 사람보다 더 건강하게 사는 것은 맞지만, 그렇다고 섣불리 판단해서는 안 된다. 반려동물이 사람의 건강 문제를 해결하는 기적의 치료제도 아니고, 오로지 건강 때문에 반려동물을 입양한다는 것은 가족을 들이는 바른 태도가 아니기 때문이다.

이런 연구 결과가 아니더라도 인간과 가장 친숙한 반려동물인 개와 고양이가 우리에게 가져다 주는 장점이 굉장히 많다는 것을 사람들은 이미 알고 있다. 사람의 건강에 개가 좋냐, 고양이가 좋냐가 아니라 개와 고양이가 함께 놀고 기대 자는 모습만 봐도 마음이 평안해지니 반려인으로 산다는 행복감을 맘껏 즐기는 것이 중요한 듯하다.

비만이라고요?
개를 입양하세요!

반려동물이 반려인의 신체 활동에 끼치는 영향

오늘날 비만은 많은 국가에서 심각한 문제다. 아동의 1/3이 과체중인 나라도 있는데 비만은 심혈관계 질환, 호흡기계 질환, 소화기계 질환, 당뇨병 등 여러 가지 문제를 초래한다. 현대인의 비만의 주된 원인은 영양과다와 앉아서만 생활하는 생활습관 때문이다. 따라서 체중 감소나 비만 억제를 위해서는 몸을 움직여야 하고, 의사들은 하루에 한 시간씩 산책할 것을 권한다.

반려견과 체중 사이의 관계에 대해서는 많은 연구가 이루어졌다. 미국의 콜먼 등(2008)이 2,000명 이상의 성인을 대상으로 연구한 결과 반려견이 있는 가정(17퍼센트)이 반려견이 없는 가정(22퍼센트)보다 비만율이 낮았다. 팀페리오 등(2008)은 개를 키우는 집의 아이들이 과체중이나 비만이 될 위험이 낮다고 밝혔다. 그 이유는 바로 산책이다. 아래 그래프에서 확인할 수 있듯이 개를 키우는 사람이 그렇지 않은 사람보다 두 배나 더 많이 걷는다.

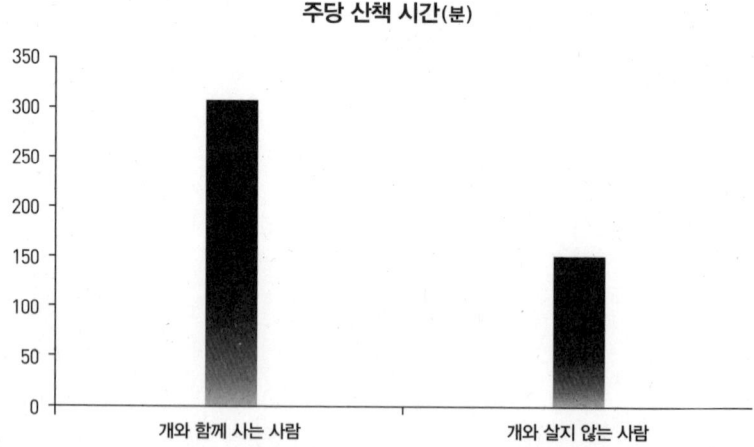

물론 반려견과 함께 산다고 모두 비만이 되지 않는 것은 아니지만 커트 등(2008)은 개와 함께 사는 사람이 그렇지 않은 사람보다 충분한 신체 활동을 할 가능성이 70퍼센트 높다고 밝혔다. 또한 소프 등(2006)은 노인들이 반려인과 함께 살면 산책을 통해 활동성을 유지할 수 있어서 좋다고 밝혔다.

결론
개는 반려인을 움직이게 만든다. 산책을 가자고 조르는 개의 눈빛을 무시할 정도로 강심장을 가진 사람은 많지 않기 때문이다. 그렇기 때문에 개와 함께 사는 일은 아이든 노인이든 비만을 예방하고 건강을 유지하는 방법이 될 수 있다.

할머니께 고양이를 선물할까?

반려동물이 노인의 건강과 안녕에 끼치는 영향

'할머니께 반려동물을 선물해도 될까?'라고 고민하는 사람들이 많다. 그런데 노인이 개를 키우는 것이 건강에 좋을까? 괜히 귀찮게만 해드리는 것은 아닐까? 반려동물이 노인의 대인관계와 신체·정신 건강에 끼치는 영향에 대해 연구자들이 관심을 갖기 시작했다. 반려동물과 노인 건강 사이의 상관관계를 밝혀내지 못한 연구(Jorm, Jacomb, Christensen, Henderson, Korten & Rodgers, 1997)도 드물게 있지만 대부분 반려동물과 함께 사는 것이 노인에게 이롭다는 사실이 명백히 드러났다.

리체슨(2003)은 치매 노인을 위한 쉼터에서 생활하는 치매 노인 15명을 관찰했다. 쉼터의 노인들에게 3주 동안 매일 동물 매개 치료 AAT : Animal-Assisted Therapy를 실시한 후 결과를 분석하니 불안정한 행동이 현저히 줄어들었고 사회적 상호작용이 증가했다.

헤디와 크라우스(1999)는 오스트레일리아와 독일의 통계 결과 고양이를 키우는 사람이 일반인보다 의료 서비스를 덜 이용한다는 사실을 밝혀냈는데 특히 다른 연령대보다 몸이 약하고 질환이 많은 노인에게서 그런 현상이 두드러지게 나타났다. 뿐만 아니라 반려동물과 함께 사는 사람들은 일반인보다 병원을 찾는 비율이 15퍼센트 적고, 독일에서는 반려인의 연간 입원 일수가 일반인보다 32퍼센트나 적었다. 따라서 반려인이 건강과 관련하여 절약하는 액수가 1년에 오스트레일리아 20억 달러, 독일 45억 유로에 이르는 것으로 추정했다.

캐나다의 레이나 등(1999)은 65세 이상의 노인 1,000명을 대상으로 장기 연구를 시작했다. 연구진은 반려동물에 대한 애정이 노인들의 신체적·정신적 건강에 영향을 끼치는지 조사했다. 노인들이 반려동물과 함께 사는지, 교류하는 사람수, 고독감을 느끼는지, 타인에게 속마음을 털어놓는 횟수, 도움을 줄 수 있는 사람이 곁에 있는지 등을 우선 측정했다. 이어서 신체 건강과 정신 건강에 대해 질문했는데 일상적인 활동을 수행하는 능력을 신체 건강의 지표로 삼았고, 가족관계와 친구관계, 일과 재정 상태, 삶에 대한 만족도나 전반적 마음 상태를 정신 건강의 지표로 삼았다.

이 연구에서 반려동물을 키우는 노인이 그렇지 않은 노인보다 신체적으로 더 젊다는 것이 입증되었다. 개나 고양이를 키우지 않는 사람들은 반려동물을 키우는 사람들보다 나이 들면서 활동 능력이 훨씬 더 빨리 저하되었다. 하지만 이 연구에서는 반려동물을 키우는 것과 노인의 심리적 안정 사이의 연관성은 직접적으로 드러나지 않았다.

하지만 반려동물과 함께 사는 것이 노인의 정신 건강에 도움이 된다는 연구 결과는 많다. 키드와 펠드만(1981)은 반려동물과 함께 사는 노인이 그렇지 않은 노인보다 자신감과 자부심이 높은 것에 주목했다. 이는 반려동물과의 동거가 노인의 정신 건강에도 좋다는 것을 입증한다. 헥트 등(2001)은 반려동물이 노인에게 정신적으로 의지가 될 수 있는지를 조사했다. 이 연구는 미국에 사는 275명의 노인을 대상으로 수행되었는데 그 결과 노인의 외로움이 커질수록 반려동물에 대한 애착이 커진다는 것이 밝혀졌다. 윌슨과 터너(1998)의 연구에서도 속마음을 털어놓을 대상이 없는 노인들에게서 반려동물에 대한 애정이 높아졌다. 고독감과 애착 사이의 상호관계가 밝혀진 것이다.

또 다른 연구에서는 양로원에서 개를 키울 때의 효과에 대해 조사했다(Corson S. & Corson E. O., 1981). 연구 결과 정신적 스트레스를 겪던 노인들이 개를 키운 후 외로움이 줄고, 타인과의 만남을 피하는 성향이 줄어들었다. 개를 키우면서 다른 사람과의 대화에 많이 참여하고, 더 많은 상호작용을 하게 된 것이다.

콜비와 셔먼(2002)의 연구에서는 입원한 노인에게 개와 함께 면회를 가기만 해도 불안한 성향이 줄고, 긍정적인 기분이 상승해 우울 정도가 낮아졌다. 리쿠레조스 등(2002)도 입원한 노인을 대상으로 한 연구에서 반려동물과 함께 있으면 두려움과 불안감이 감소한다는 사실을 밝혔다.

결론

다양한 연구에서 반려동물이 노인의 신체·정신 건강에 긍정적인 역할을 한다는 것이 밝혀졌다. 반려동물과 함께하면 나이 들어서도 신체적인 활동 능력이 천천히 감소하고, 건강한 정신을 유지하는 등 긍정적인 효과가 많았다. 이렇듯 반려동물과 사는 일이 노인에게 실질적인 도움이 되므로 할아버지, 할머니께 반려동물을 선물할지 말지 크게 고민하지 않아도 될 것 같다.

아빠, 곧 발작이 올 것 같아요!
발작 탐지견의 놀라운 능력

개는 청각과 후각 면에서 놀라운 능력을 지니고 있다. 그래서 마약 밀매업자의 최대의 적은 경찰도, 최신 장비도 아닌 마약 탐지견이다. 이런 뛰어난 능력으로 개는 아픈 사람도 돕는다. 간질처럼 반복적으로 발작이 일어나는 사람에게 미리 경고하는 능력이 있기 때문이다. 발작 탐지견은 발작이 임박했을 때 발작 당사자나 주변 사람들에게 이를 예고하는 역할을 한다.

최근까지도 개가 간질발작의 전조를 탐지할 수 있다는 생각은 몇몇 감동 실화에 기반을 두고 있었다. 이 문제에 관심을 갖게 된 에드니(1991, 1993)는 개에게 발작을 탐지하는 선천적인 능력이 있는지 연구했지만 명확한 근거가 부족하다고 밝혔고, 달지엘 등(2003) 또한 몇몇 개만 무의식적으로 할 수 있는 능력이라고 밝혔다. 하지만 최근 연구에서 스트롱 등(2002)은 주인의 움직임을 알아채는 훈련만 받는다면 어느 개나 발작 탐지견이 될 수 있음을 입증했다.

그렇다면 개는 어떤 방법으로 위험을 알릴까? 훈련을 받은 개들은 발작이 임박했음을 눈치 채면 큰 소리로 짖거나 특별한 신호를 통해 사람들에게 알리는 방식으로 반려인을 지켰다(Brown & Strong, 2001).

그렇다면 발작 탐지견은 어떻게 발작을 감지하는 것일까? 개가 어떻게 발작을 예감하는지 그동안 정확하게 알려지지 않았지만 커튼 등(2004)은 시각적인 징후를 통한 감지라고 밝혔다. 개는 사람의 몸짓과 표정, 근육의 긴장 여부, 호흡상의 특징, 땀을 흘리는지의 여부 같은 몇몇 시각적 징후를 바탕으로 발작을 자각했다. 사람들이 생각하듯 개의 뛰어난 후각과 청각을 이용한 것이 아니었다.

달지엘 등(2003)은 발작의 전조를 탐지하기 위해 발작 탐지견을 입양한다면 엄격하게 선발해서 체계적으로 훈련한 개를 들이는 것이 가장 중요하다고 밝혔다. 그렇지 않을 경우 발작이 왔을 때 개가 제대로 대처하지 못해 사람이 생명을 잃을 수도 있기 때문이다(Strong & Brown, 2000).

결론

인간의 가장 좋은 친구인 개에게는 인간이 알지 못하는 뛰어난 능력이 많다. 이 능력을 잘 활용하면 발작 탐지견처럼 많은 질병을 예방하는 길이 열릴 수도 있다. 그러니 주변에 간질발작을 하는 사람이 있다면 발작 탐지견을 소개해 줄 수 있는 수의사를 찾아가라고 권하길 바란다. 잘 훈련된 개로 인해 삶이 달라지고 소중한 생명을 건질 수도 있다.

개·고양이와 살면 불면증이 사라진다

젱 등의 반려동물이 여성의 건강에 끼치는 영향

반려동물이 사람들의 건강에 긍정적인 영향을 끼친다는 연구 결과는 이미 너무 많이 나와 있고, 최근에는 보다 세분화된 연구 결과가 발표되고 있다. 젱 등(2007)은 중국 도시 여성의 건강과 반려동물 사이의 연관성에 대해 조사했다. 25~40세의 성인 여성 3,000명을 대상으로 설문조사를 수행했는데 표본집단은 반려동물과 함께 사는 사람 1,500명, 반려동물과 함께 살지 않는 사람 1,500명이었다. 설문에는 수면 문제, 병으로 인해 직장을 쉬었던 경험, 병원 출입 등 건강에 대한 세세한 질문이 포함되었다.

연구 결과 두 집단은 신체 건강의 지표로 삼을 수 있는 병원 출입 횟수, 수면의 질, 병으로 인해 회사를 쉰 횟수 등 많은 부분에서 큰 차이가 있었다. 모든 점에서 반려동물과 함께 사는 여성들이 신체적으로 건강하다는 결과를 보였는데 반려동물과 함께 사는 여성이 그렇지 않은 여성보다 수면 문제가 적어서 잠을 푹 자고, 아파서 회사를 쉬는 날이 적었으며, 병원 출입 횟수도 적었다.

결론 이 연구는 반려동물과 함께 사는 것과 건강 사이에 높은 상관관계가 존재한다는 사실은 밝혔지만 이런 결과를 초래한 원인에 대해서는 밝히지 못해 아쉬움이 있다. 과연 개나 고양이와 함께 살아서 더 건강해지는 걸까? 아니면 건강한 여성이 그렇지 않은 여성보다 반려동물을 더 많이 입양하는 걸까? 어쨌든 반대 증거가 제시되지 않는 한 여성의 건강과 반려동물 사이에 관련이 있음은 분명하다.

개는 당뇨병 환자들의 친구
혈당 감소를 탐지하는 개의 능력

당뇨 증세가 있는 사람들의 주된 문제는 혈당 감소다. 당뇨병 환자의 췌장에서는 인슐린이 더 이상 분비되지 않기 때문에 당뇨병 환자는 혈중 당도의 균형을 맞추는 치료가 필요하다. 적절하게 관리가 이루어지지 않을 경우에는 저혈당으로 의식을 잃거나 위험한 상황을 겪을 수도 있기 때문이다.

그런데 림 등(1992)의 연구에 따르면 개가 당뇨병 환자의 혈당 감소를 알아낼 수 있다고 한다. 첸 등(2000)의 연구에서도 당뇨병 환자와 함께 사는 개 중에서 1/3이 주인의 혈당 감소 증상에 따른 행동 변화를 보였고, 심지어 환자 자신이 초기 증세를 의식하기도 전에 혈당 감소 증상이 일어나리라는 것을 미리 알아차리고 반려인에게 알려 준 개도 있다.

개의 혈당 감소를 탐지하는 메커니즘이 무엇인지는 정확히 알려지지 않았지만 첸 등 몇몇 과학자들은 개가 혈당이 떨어지는 것을 후각을 이용해서 냄새로 알아차린다고 밝혔다. 예를 들어 곤히 잠든 반려인에게 혈당 감소를 알린 개의 경우는 후각 징후를 사용한 것이 분명했다. 매콜레이 등(2001)은 당뇨병 환자가 저혈당으로 의식을 잃기 전에 땀이 많이 나는데 개는 땀에서 생화학적 변화를 탐지하는 것으로 보인다고 밝혔다.

현재 당뇨병이 있는 반려인의 저혈당쇼크를 알아차리는 개들은 훈련을 따로 받지 않았다. 단지 개의 본능을 이용해 함께 사는 사람을 돕는 것이다. 따라서 아직 관련 연구가 많이 이루어지지 않고 있으며, 개에게 주인의 저혈당쇼크를 예견하는 훈련을 시키는 작업이 실질적으로 이루어지지 않고 있는 점은 아쉽다.

결론

인간의 가장 좋은 친구인 개는 인간의 나쁜 건강 징후를 예견함으로써 인간의 건강 지킴이 역할을 충실히 하고 있다. 때로는 건강을 지키는 것은 물론 소중한 생명을 구하기도 한다. 개의 무한한 능력을 활용한다면 다른 질환을 앓는 사람들에게도 분명 도움을 줄 수 있을 테니 관련 연구가 더욱 활발해지기를 기대한다.

셰퍼드를 암 전문의로 채용해야 할까?

암을 탐지하는 개의 후각 능력

1989년 과학 저널 《더 랜싯(The Lancet)》에 콜리와 도베르만이 반씩 섞인 개의 특별한 행동을 보고하는 윌리엄스와 펨브로크의 글이 실렸다. 이 개는 반려인의 다리에 난 여러 점 중에 유독 한 점에만 코를 대고 냄새를 맡았는데 심지어 반려인이 치마를 입으면 그 점을 물려고까지 했다. 검사 결과 그 점은 악성 종양으로 밝혀졌다. 반려인이 종양 제거 수술을 받은 후 반려견은 더 이상 반려인의 다리에 관심을 보이지 않았다. 이런 유형의 일화는 많다(궁금하다면 Dobson(2003), Church & Williams(2001)의 연구를 참조하길 바란다).

이런 이야기가 그리 놀랍지 않은 이유는 개는 후각이 매우 발달한 동물이기 때문이다. 실제로 개의 후각 능력은 사람보다 1만~10만 배나 뛰어나다. 인간의 후각조직은 3~4제곱센티미터가량의 작은 면적에 500만 개의 후각세포를 갖고 있지만 개의 후각조직은 150제곱센티미터에 달하는 넓은 면적에 2억 개에 가까운 후각세포를 가지고 있기 때문이다. 냄새를 맡는 면적도 넓고 세포도 많은 것이다. 또한 개의 뇌에는 인간의 뇌보다 비율상으로 네 배나 큰 후각엽이 있다. 개가 냄새가 나는 극소량의 물질도 탐지해 내는 까닭이다.

개는 종에 따라 후각의 발달 정도가 다르다. 후각 능력이 가장 뛰어난 종은 바셋하운드와 셰퍼드고, 가장 떨어지는 종은 마스티프와 그레이하운드다. 그렇다면 고양이의 후각 능력은 어느 정도일까? 셰퍼드의 후각세포가 약 2억 개인 데 반해 고양이는 5,000만 개 정도로 고양이의 후각 능력은 개보다는 못하지만 사람보다는 뛰어나다.

이처럼 후각 능력이 뛰어난 개에게 인간은 오래전부터 많은 임무를 맡겨 왔다. 사냥감을 추격하고 범죄자를 수색하며, 산사태로 눈 속에 파묻힌 사람들을 찾는 등의 여러 활동에 개를 활용해 왔고, 공항에서 마약이나 무기, 폭발물 등을 찾을 때도 개의 도움을 받고 있다.

디 나탈레 등(2003), 필립스 등(2003)의 연구를 통해 종양조직에서 나는 냄새가 숨과 땀에서 나는 냄새 성분과 같다는 사실이 밝혀졌지만 과학자들은 개가 실제로 종양을 감지한다는 확고한 증거를 찾기 위해 노력하고 있다. 캐롤라인 윌리스(2004)가 이끄는 영국 피부병학자 팀은 종과 연령이 다양한 개 6마리에게 방광암 환자의 소변과 건강한 사람의 소변을 구별하는 법을 훈련시켰다. 개는 방광암 환자의 소변 샘플을 찾아내면 엎드리는 훈련을 받았다. 실제 테스트 단계에서 과학자들은 방광암 환자와 건강한 사람의 소변 샘플 54개를 사용했다. 그 결과 개는 무작위로 선택하는 경우(14퍼센트)에 비해 세 배나 높은 성공률(41퍼센트)로 방광암 환자의 소변 샘플을 찾아냈다.

이처럼 개는 선천적 후각 능력 덕분에 암 성분을 탐지할 수 있지만 아직은 훈련과 연구가 더 필요한 단계다. 전문가들은 다른 개들보다 뛰어난 후각 능력을 지닌 개를 선발한 뒤 특수 훈련을 시키면 성공률을 높일 수 있다고 전망한다.

결론

개는 선천적 능력과 더불어 학습 능력이 뛰어나고 인간과의 유대감이 좋다는 장점 때문에 인간의 소중한 건강 도우미가 될 수 있다. 물론 집집마다 개한테 탐지견 훈련을 시킬 수 없고, 모든 개가 반려인의 암을 탐지할 수 있는 것은 아니다. 하지만 각종 자료를 종합해 본다면 개를 대상으로 많은 연구가 필요함을 확인할 수 있다. 인간의 소중한 동반자인 개에게는 아직도 인간이 모르는 여러 가지 잠재 능력이 분명히 있을 것이기 때문이다.

6장 유혹의 **기술**

동물은 인간관계의 큐피드가 되기도 한다. 호감이 없던 사람이 동물과 함께 있다는 것만으로도 호감이 생기고, 타인에게 먼저 다가가기 힘든 성격의 사람이 상대방이 동물과 함께 있다는 것만으로도 선뜻 다가갈 용기를 얻는다. 사랑의 메신저 역할을 톡톡히 하고 있는 동물들에게 유혹의 기술을 배워 보자.

남자는 반려동물도 금발을 좋아해?

개·고양이의 털색에 대한 선호도

여성이 금색 가발을 쓰고 히치하이킹을 하면 다른 색 가발을 썼을 때보다 성공률이 높은 것만 보아도 남성이 금발 여성을 선호하는 것은 분명이다. 미국의 프리드먼(1986)은 미스 USA의 30퍼센트는 금발 여성이지만 미국 여성의 금발 비율은 단 5퍼센트라고 꼬집었고, 자코비와 캐시(1995)는 남성 잡지에 등장하는 금발 여성 비율이 실제 금발 비율보다 열 배나 높다고 밝혔다. 힌츠 등(2001)은 남성들이 긴 머리 여성을 선호하는 이유는 긴 머리가 건강과 젊음을 상징하기 때문이라고 밝혔다.

그렇다면 개의 털에도 이런 선호가 나타날까? 웰스와 헤퍼(1992)는 북아일랜드 성인에게 종과 크기는 같지만 털 색깔이 다른 여러 마리의 개 사진을 보여 주면서 만약 개를 입양한다면 어떤 개를 입양할지를 물었다. 털의 길이는 짧거나 중간 길이였다.

실험 결과, 털 색깔은 노란색 계통 65퍼센트, 검은색 계통 35퍼센트, 털 길이는 길거나 중간 정도 63퍼센트, 짧은 길이 37퍼센트의 선호도를 보여 노란색 계통의 중간 길이 이상의 털을 좋아하는 것으로 확인되었다. 이런 털에 관련된 선호도는 여성보다 남성에게서 두드러지게 관찰되어 남성이 긴 금발의 여성을 좋아하는 것과 겹쳤다.

연구진은 이 실험과 동시에 동물보호소에서 실험에 참가한 개와 같은 종의 동물이 입양된 비율을 조사했다. 조사 결과 실제로도 털 색깔이 노랗거나 심지어 흰색을 띠는 개가 검거나 갈색인 개보다 더 높은 비율로 입양되었다. 이것은 사람들의 평가와 행동이 상당히 일치한다고 볼 수 있다.

자신의 머리카락 색깔과 개의 털 색깔에 대한 선호

'반려견과 반려인은 닮을까?'(76쪽)에서 우리는 반려인과 개의 얼굴 사진을 바탕으로 실제 반려인을 찾을 수 있음을 살펴보았다. 이런 짝짓기가 가능한 이유는 주인과 개의 신체적 일치 여부 때문이다. 그렇다면 반려동물을 선택할 때 사람들이 보여 주는 선호도는 자신과 닮은 동물을 고르는 것과 연관이 있을까?

필자는 검은색, 젖소 무늬, 노란색, 흰색, 고등어 무늬 등 털 색깔이 다른 고양이 여러 마리의 사진을 성인 남녀에게 제시했다. 사진은 고양이의 크기와 배경이 같도록 수정했다. 참가자들에게는 고양이들이 동물보호소에 있으며 만약 입양을 한다면 어떤 고양이가 좋은지 선택하라고 요청했다.

실험 결과 검은색 등 어두운 색 털보다는 노란색 등 밝은색에 대한 선호가 뚜렷하게 나타났는데 참가자들의 머리카락 색깔과 고양이의 털 색깔 사이의 관계도 밝혀졌다. 머리카락 색깔이 밝은 여성들은 줄무늬나 옅은 노란색 또는 흰색 고양이를 선택했고, 머리카락 색깔이 붉은 여성들은 오렌지색 고양이를 선택했다. 하지만 남자들은 자신의 머리카락 색깔과 고양이 털색 사이에 별다른 연관성이 없었다.

결론

일상에서의 미적 취향은 반려동물을 선택할 때도 큰 역할을 했다. 금발을 좋아한다고 알려진 남자들이 길고 밝은 노란색 털의 반려동물을 선호하는 것만 봐도 알 수 있다. 반면 여성들은 자신의 머리카락 색깔과 선호하는 고양이 털 색깔 사이에 연관이 있었다. 이는 반려동물을 선택할 때에도 인간은 신체적·미학적 자기애 성향을 보임을 증명한다. 그러다 보니 자신과 어느 부분에서든 닮은 동물을 찾게 되는 것이다.

이성을 꼬시려면
강아지 머리에 뽀뽀를!

개의 존재가 유혹에 미치는 효과

개는 단지 새로운 만남을 주선하는 정도가 아니라 이성 간의 유혹 등 광범위한 인간관계를 촉진한다. 실제로 한 여자가 어떤 남자가 마음에 든다는 것은 남자의 외모, 성격, 남자가 소유한 재산, 남자의 행동 등 많이 것이 포함된 결과다. 마찬가지로 남자가 반려동물과 함께 산다는 것도 이런 판단 요인의 하나가 된다.

필자는 개가 젊은 여성을 유혹하는 데 도움이 되는지를 알아보기 위해 잘생긴 20세 청년에게 혼자 걷고 있는 여성에게 다가가 전화번호를 받아오라는 실험을 했다(2008).

"안녕하세요, 제 이름은 앙투안인데요. 저쪽에서 쭉 지켜봤는데 너무 아름다우세요. 제가 지금은 수업이 있어서 학교에 가야 되는데 전화번호 좀 알려 주실 수 있을까요? 이따가 전화할 테니 괜찮으면 술 한 잔 같이 하면서 얘기 나눠요."

　청년이 여성에게 다가가서 한 말은 똑같았다. 다만 때로는 자신이 키우는 개를 데리고 다가갔고 때로는 혼자 다가갔다. 개는 12킬로그램 정도의 중형견으로, 검은색 털로 뒤덮인 활발하고 성격이 좋은 개였다.

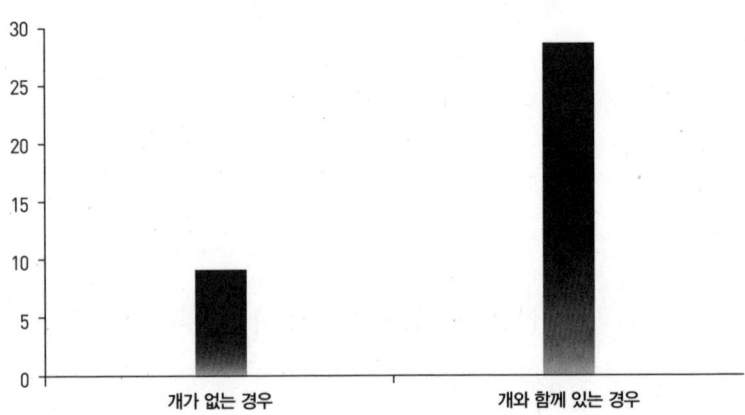

　실험을 통해 개와 함께 있으면 타인에게 다가가기가 수월해진다는 사실을 확인할 수 있었다. 개와 함께 있을 때 여성의 전화번호를 받는 데 성공한 확률이 개가 없을 때보다 4배 이상 높았다. 또한 남자가 개와 함께 있을 때 여성들과의 상호작용의 질도 더 높았다. 개와 함께 있는 남자와 대화를 나누며 여성들은 더 자주 미소 지었고 헤어진 뒤에도 미소를 더 많이 지었다. 이런 현상의 이유가 뭘까? 단지 개가 있었기 때문인지, 개를 통해 남자에 대한 인식에 변화가 생긴 것인지 궁금했다.

이어진 두 번째 실험에서 청년과 헤어진 여성을 따라가 질문을 했다. 방금 있었던 상황이 실험임을 밝히고 참여를 부탁했다. 남자가 다가왔을 때 그에 대해 어떤 판단을 했는지 물었다. 남자의 외모, 친절함, 관대함, 자상함 등에 대한 평가를 부탁했다. 이것은 일반적으로 여성이 남성을 판단할 때 중요하게 여기는 자질이다.

	개와 함께 있는 경우	개가 없는 경우
외모	7.32	7.28
친절함	7.81	6.91
관대함	7.52	6.39
자상함	7.37	6.12

설문 결과 개와 함께 있는지 아닌지에 따라 청년에 대한 평가가 달라졌다. 여성들은 청년이 동물과 함께 있을 때 더 친절하고 관대하고 자상해서 아이들도 더 잘 돌볼 것이라고 판단했다. 단, 외모에 대한 평가는 별 차이가 없었다. 따라서 '작업에 능한 선수'가 되고 싶다면 개를 데리고 다니는 것이 최고의 방법이다.

그런데 또 다른 실험을 통해 강적이 나타났다. 우리는 개를 강아지로 바꿔서 똑같은 실험을 재현했다. 활기 넘치고 잘생긴 말리노이즈 새끼를 데리고 다니거나 혼자 다니면서 여성에게 다가가 전화번호를 받아오라고 했다. 그런데 개가 강아지로 바뀐 것뿐인데 성공률이 46.2퍼센트로 급등했다. 그야말로 놀라운 효과였다. 하지만 강아지들은 쑥쑥 자라니 강아지의 도움으로 평생 함께할 여성을 찾는다면 진도를 빨리 나가야 할 것이다.

우리는 비슷한 실험을 이어갔다. 실험에 참가한 청년 두 명은 주변에 젊은 여성들이 많은 야외 카페에 앉아 여름방학 아르바이트와 시험에 관한 대화를 나누었다. 이때 또 다른 여성 실험 참가자가 목줄을 채운 개를 데리고 들어와 두 청년과 큰 소리로 대화를 나누어서 주변 사람들이 여성과 두 청년이 친구임을 알 수 있도록 했다.

그런 다음 두 가지 상황을 연출했다. 첫 번째 상황은 한 청년이 여성과 이야기를 하는 사이 다른 청년이 개와 놀았다. 개와 노는 청년은 개를 쓰다듬거나 "너는 참 멋진 개야."라고 말하면서 개의 머리에 뽀뽀를 했다. 두 번째도 앞의 상황과 같은데 다만 개와 노는 청년이 개와 별다른 행동을 하지 않았다. 잠시 후 여성이 큰 소리로 "구청에 서류 재발급받으러 가야 돼."라고 하고는 자리를 뜬다. 단둘이 남은 청년도 1분 동안 더 대화를 나누고는 곧 자리를 떴다.

상황이 끝난 후 주위 여성들에게 유혹에 대한 실험을 진행 중이라고 밝히고 방금 전에 나간 두 청년에 대해 물었다. 가장 먼저 여성들에게 두 청년을 기억하는지 묻자 모두 이들을 기억하고 있었다. 티셔츠 색상, 목도리 등의 옷차림, 머리카락 길이와 색깔, 눈동자 색깔 등의 외모, 가방 착용 여부 등 그 외의 특징에 대해 설명해 줄 것을 요청했다. 우리는 여성들이 각 청년의 외모, 옷차림 등 특징을 얼마나 정확히 기억하는지에 따라 점수를 매겼다.

실험 참가자들의 특징을 정확히 기억하는지를 평가한 점수

	실험 참가자 1	실험 참가자 2
개에게 뽀뽀를 한 경우	4.84	5.78
개에게 뽀뽀를 하지 않은 경우	3.11	4.03

여성들은 개에게 뽀뽀를 하는 등 개를 다정하게 보살피는 상황을 연출했을 때 청년들의 특징을 더 잘 기억했다. 개에게 뽀뽀를 하고 쓰다듬거나 대화를 하는 등의 행동이 여성들에게 친절함과 다정함, 타인에 대한 배려 등으로 받아들여져 관심을 끌었던 것이다.

고양이와 함께 사는 남자면 오케이

고양이도 예외는 아니다. 인터넷 만남 광고가 난무하는 정글에서 자신의 존재를 눈에 띄게 만들고 싶다면 고양이도 유능한 파트너가 될 수 있다. 필자는 인터넷 만남 사이트에 글을 올린 사람들 중에서 반려동물과 함께 사는 사람들에게 도움을 요청했다. 한 번은 개나 고양이 등 반려동물과 함께 찍은 사진과 자기 소개 글을, 한 번은 혼자 찍은 사진과 자기 소개 글을 올려 달라고 부탁했다. 참가자들은 8개월 동안 한 달은 동물과 함께 찍은 사진, 다음 달은 혼자 찍은 사진을 번갈아 올리며 한 달에 한 번씩 변화를 주었다.

그 결과 반려동물과 함께 찍은 사진이 들어간 자기 소개 글의 재방문율이 그렇지 않았을 때보다 17퍼센트 올랐고, 만남 요청 수도 11퍼센트 높아졌다. 그런데 이런 결과는 성별에 따라 차이를 보였다. 실제로 여성의 자기 소개 글에 반려동물과 함께 찍은 사진이 있을 때 남성의 재방문율은 6퍼센트, 만남 요청 수는 4퍼센트 증가했지만, 남성들의 자기 소개 글에 반려동물과 함께 찍은 사진이 있을 때 여성의 재방문율은 24퍼센트, 만남 요청 수는 17퍼센트 증가했다. 반려동물과 함께 찍은 사진을 올리면 여성보다는 남성이 이익을 더 많이 얻었다.

이는 남성과 여성이 동물에게 부여하는 의미가 다르기 때문인 것으로 파악된다. 반려동물을 좋아하는 여성은 많기 때문에 남성은 동물의 존재보다는 여성의 외모를 더 중요하게 여긴다. 반면 반려동물을 좋아하는 남성이 적기 때문에 여성들은 거기에 의미를 부여한다. 동물을 좋아하는 남자는 친절하고 배려심이 클 것이라는 기대감을 갖게 되어 그 남성과의 교제를 긍정적으로 생각하게 된다.

여성들이여 동물과 함께 있어라

앞의 실험에서 반려동물의 존재가 여성의 매력을 높이는 데 큰 영향을 끼치지 않음을 알았지만 필자는 최근의 연구에서 이를 쉽게 일반화하기는 어렵다는 사실을 발견했다. 동갑의 남성들로부터 외모가 매력적이지 않다는 평가를 받는 20~22세 젊은 여성들에게 관광객으로 붐비는 관광 도시의 카페테라스에 앉아 있으라고 요청했다. 여성들은 한 번은 강아지와 함께, 한 번은 성견과 함께, 한 번은 혼자 앉아 있었다. 실험에 참가한 개는 3개월 된 브리타니스패니얼 강아지와 두 살 된 성견이었다. 여성들은 자리에 앉아서 남성이 다가오기를 기다렸다.

남성이 다가오는 데 걸린 평균 시간

여성이 강아지와 있을 때	여성이 성견과 있을 때	개가 없을 때
5분 34초	12분 08초	26분 16초

실험 결과 강아지와 함께 있으면 남성은 여성에게 주저 없이 다가갔다. 개가 없을 때는 담뱃불을 구실 삼거나 단도직입적으로 합석을 요구하며 다가왔지만 성견이든 강아지든 개가 있을 때는 말을 붙일 구실이 분명했다. "개가 잘생겼네요.", "개가 귀여워요."라고 하며 다가가면 되니까. 하지만 개가 없으면 이런 구실을 댈 수 없어서 다가가기 힘들다. 그런데 여기서 특이한 점은 개, 특히 강아지가 있는 상황에서 중년 남성이 많이 다가왔다는 사실이다. 강아지라는 존재는 중년 남성에게 나이 차이에도 불구하고 용기를 내서 여성에게 다가가게 하는 구실을 했다.

결론

남성이든 여성이든 개를 데리고 있으면 혼자일 때와는 달라 보인다. 특히 여성은 남성이 반려동물과 함께 있느냐 없느냐에 따라 그의 성격, 성품을 달리 파악한다. 아마도 사람들이 동물을 함께 있는 사람들의 인격을 정형화하기 때문일 것이다. 실제로 우스꽝스럽게 생긴 개나 입마개를 한 투견처럼 공격적이라고 평가되는 개와 함께 있으면 부정적인 정형화가 일어나기도 한다. 하지만 여성이 동물과 함께 있으면 이를 구실로 쉽게 접근하는 남성이 많으니 동물이 이성의 접근을 쉽게 하는 역할을 하는 것은 분명하다.

개 좋아하는 사람치고 나쁜 사람 없대요

데보라 웰스의 개의 존재가 사회적 상호작용에 끼치는 영향

많은 사회심리학 연구는 상호작용이 이루어지는 처음 몇 초가 상호작용의 지속과 관계의 질적 만족도에 결정적인 요소로 작용함을 증명한다. 처음 몇 초를 장악하지 못하면 사회적 상호작용을 풀어나가기 힘들다는 뜻이다. 그래서 많은 사람들이 어떻게 관계를 시작할지 자신이 없으면 아예 시도도 하지 않는다.

그래서 낯선 사람에게 다가가는 일은 누구에게나 쉽지 않고 사람들은 관계의 물꼬를 터줄 무엇인가를 찾아헤맨다. 낯선 사람에게 다가갈 때 첫 마디를 꺼내기가 가장 어렵고, 첫 마디를 꺼낼 구실만 찾을 수 있다면 관계는 쉽게 풀리기 때문이다. 전문가들은 이런 경우 반려동물을 활용해 보라고 권한다. 반려동물을 소재로 대화를 시작하면 반려동물이 촉매제가 되어 자연스럽게 말을 이어갈

수 있기 때문이다.

퀸즈 대학교 심리학과의 데보라 웰스(2004)는 래브라도리트리버 성견과 새끼, 로트와일러 성견에게 목줄을 채워 아일랜드 대도시의 보행자 전용로를 산책하면서 사람들의 반응에 대해서 연구했다. 똑같은 길을 반려동물 없이 혼자서 걷거나 품에 곰 인형을 안고서 걷거나 커다란 화분을 안고 걸으면서 차이를 비교했다. 이때 마주치는 사람들이 그녀를 바라보고 미소를 짓거나 말을 거는지, 말을 걸 경우 지속 시간이 얼마나 되는지 등을 조사했다. 통계상 말을 건 사람 중에 첫 대화에서 60초 이상 대화를 한 사람과는 앞으로 관계가 지속될 수 있다는 신호다.

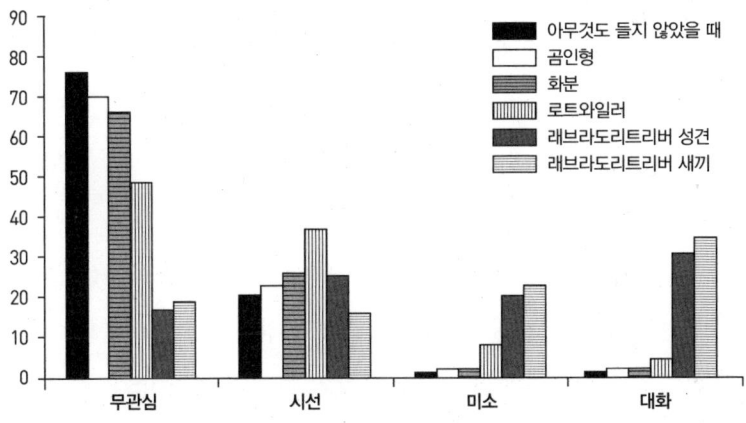

실험 결과 아무것도 들지 않았거나 곰인형, 화분을 안고 갈 때는 무관심 수준이 꽤 높은 반면 개와 함께 걸을 때는 무관심이 낮았다. 이것은 동물의 존재가 사회적 관계를 맺는 중요한 원천이 된다

는 사실을 말해 준다. 실험 결과는 행인의 성별, 행인이 혼자 지나가는지 무리지어 지나가는지와는 무관했다.

같은 개라도 성견보다 강아지와 함께 있을 때 대화 시간이 훨씬 더 길었고, 공격성이 있는 개라고 알려진 로트와일러보다는 사람과 친화력이 좋은 래브라도리트리버와 같이 있을 때 대화 시간이 더 길었다. 따라서 개는 사회적 상호작용에서 촉매제 구실을 하는데 개의 종류, 개의 나이에 따라 차이가 있음이 확인되었다. 로트와일러와 걸을 때는 상호작용은 적었지만 사람들의 시선을 끌 확률은 높았다.

에디 등(1988)은 장애인에게 휠체어를 타고 거리를 다니게 했는데 장애인은 거리를 다니며 다른 사람의 도움과 배려를 받아야 했다. 이 실험에서 연구진은 한 번은 장애인에게 개와 함께 다니게 하고, 다음에는 혼자 다니게 했다. 실험 결과 개와 함께 다닐 때는 18퍼센트의 사람이 장애인에게 미소를 지은 반면 개가 없을 때는 5퍼센트였다. 또한 개와 함께 다닐 때는 7퍼센트의 사람이 말을 걸고 도움을 준 반면 개가 없을 때는 1.5퍼센트였다.

생소한 동물인 아메리카산 원숭이를 데리고 한 비슷한 실험에서도 위와 같은 결과가 나왔다. 프랑스의 이엔과 드퓌트(1997)는 지체장애인과 비장애인이 원숭이와 같이 있을 때의 반응을 조사했다. 실험은 사람들이 많이 지나가는 거리에 있는 어느 상점 앞에서 진행되었다. 장애인은 벤치 옆 휠체어에 앉았고, 비장애인은 벤치에 앉았다. 두 사람은 품에 아메리카산 원숭이를 안은 채 앉아 있기도 하고 원숭이 없이 있기도 했다. 이때 지나가던 사람들이 벤치 쪽으로 접근하는지, 벤치를 피해 가는지, 움직임을 멈추고 정지하는지 등의 행동을 조사했다.

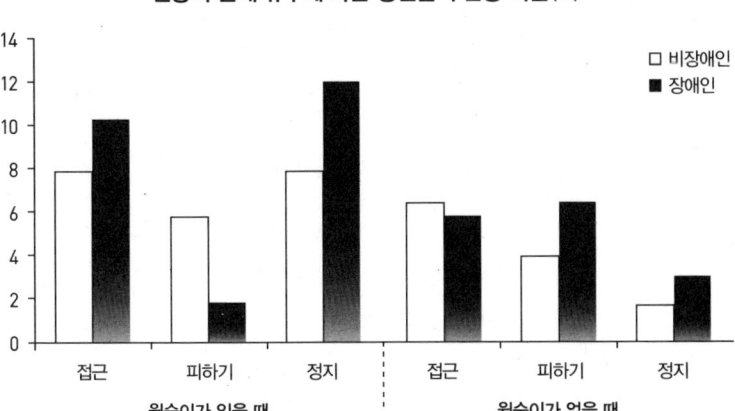

조사 결과 동물의 존재는 행인들의 행동에 긍정적인 영향을 끼쳤다. 행인들은 동물과 함께 있는 사람에게 미소를 짓고 바라보며 쉽게 말을 걸었다. 특히 장애인이 동물과 같이 있을 때 더욱 긍정적인 반응을 보였다. 동물의 존재는 확실히 타인에게 쉽게 다가가게 하고 관심을 보이게 했다.

물론 동물이 지닌 특이성도 영향을 끼친다. 아메리카산 원숭이는 매일 볼 수 있는 동물이 아니기 때문이다. 이 원숭이는 아름다운 털 빛깔과 장난꾸러기 같은 표정을 갖고 있고, 특히 중증장애인에게 동반자 겸 소중한 보조자가 된다고 알려진 상징성 때문에 행인들의 행동에 더 많은 영향을 끼쳤을 것이다.

동물은 낯선 사람들과의 관계에도 영향을 끼치지만 지인들과의 관계에도 영향을 미친다는 연구가 있다. 맥니콜라스와 콜린스(2000)는 실험 참가자에게 개 한 마리를 데리고 5일 동안 직장과 그밖의 여러 곳을 함께 다니라고 요청했다. 개는 사람에게 먼저 다가가 비비는 등의 친화력을 발휘하지 못하도록 훈련되었다. 존재 자체의 매력만으로 상대방에게 흥미를 유발하도록 하기 위해서였다. 참가자는 실험 기간 동안 타인을 만났을 때 어떤 상호작용이 일어나는지 세심하게 관찰하라는 지시를 받았다.

개의 존재 여부에 따른 상호작용의 비율

	친구	아는 사람	낯선 사람
개가 없을 때	43.3%	26.9%	4.4%
개가 있을 때	56.7%	73.1%	95.6%

결과를 보면 개는 사회적 관계를 용이하게 만드는 존재가 확실하다. 낯선 사람과 함께 있을 때뿐만 아니라 심지어 아는 사람이나 친구와 함께 있을 때도 그 효과는 주목할 만했고 게다가 개가 있을 때는 안부를 묻는 정도를 넘어서 본격적인 대화가 시작되었다.

연구진은 두 번째 실험을 준비했다. 이번에는 참가자에게 한 번은 지저분한 옷을 대충 입히고, 다음번에는 깔끔한 옷을 입혀서 8회에 걸쳐 거리를 산책하도록 했다. 또한 훈련을 잘 받은 검은색 래브라도리트리버에게 고급 목줄을 해 주거나, 다른 경우에는 평범한 목줄을 해 주는 등 개에게도 변화를 주었다.

개의 존재와 외양, 주인의 외모에 따른 사회적 상호작용의 횟수

	개가 없을 때	고급 목줄을 한 개와 함께 있을 때	평범한 목줄을 한 개와 함께 있을 때
반려인이 허술한 옷차림일 때	27	214	224
반려인이 말쑥한 옷차림일 때	30	325	350

위의 표에서 확인할 수 있듯이 개와 함께 있을 때 타인과의 상호작용 횟수가 거의 열 배나 증가했다. 하지만 예상과 달리 개가 고급 목줄을 했는지 평범한 목줄을 했는지는 실험 결과에 그리 큰 영향을 끼치지 않았다. 반면 주인의 옷차림은 영향이 조금 있었다. 실험 결과 개는 자신의 외양이나 주인의 외모와 무관하게 그 자체로 사람들의 관심을 끄는 매력 덩어리임을 알 수 있다.

결론 개는 모르는 사람 사이의 관계를 용이하게 해 주는 강력한 매개체일 뿐만 아니라 아는 사람 사이에서도 큰 영향력을 발휘했다. 연구자들은 이런 결과가 가능한 이유는 거의 모든 사람이 개라는 존재에 호감을 갖기 때문이라고 했다. 우리는 개가 인간의 가장 좋은 친구라고 생각하므로 전이 효과를 통해 개와 함께 있는 사람에 대해서도 좋은 사람이라는 '인지' 반응을 하게 된다는 것이다. 그러므로 사회성을 높이고 싶다면 종과 외양을 가리지 말고 일단 이 아름다운 존재인 개와 친구가 되어 보는 게 어떨까?

4 토끼는 대화, 거북이는 질문
헌트 등의 동물과 함께 있는 여성에 대한 반응 연구

영화 〈101마리 달마시안〉을 보면 공원에서 남녀 개뿐만 아니라 인간 남녀도 소중한 관계를 시작한다. 특히 이 영화에서처럼 같은 종의 동물을 키우면 공통 화제가 생기기 때문에 관계 맺기가 더 쉬워진다. 관계를 맺을 때 가장 어려운 것이 대화 소재인데 동물은 말문을 열게 해 주는 열쇠가 되기 때문이다. 실제로 동물이 인간관계를 맺는 데 큰 역할을 하며 개·고양이보다는 특이한 동물이 사람들의 관심을 끌기 때문에 효과적이라는 연구 결과가 많다.

헌트 등(1992)은 젊은 여성에게 토끼나 거북이를 데리고 공원 벤치에 앉아 있게 하거나 동물 없이 혼자서 휴대용 TV를 보거나 비눗방울을 커다랗게 불라고 요청했다. 연구진은 동물이나 여성의 행동에 호기심을 느껴 1.5미터 이내로 다가오는 사람의 나이, 대화의 내용 등을 관찰했다.

- 연령 : 여성에게 다가온 사람은 14세 청소년부터 65세 노인에 이르기까지 다양했다. 특히 아이들은 토끼만큼이나 거북이에 관심을 보였다.
- 대화 : 토끼를 데리고 있을 때 가장 많은 수의 사람이 여성에게 다가와 말을 걸었고, 그다음이 거북이, 비눗방울을 불거나 휴대용 TV를 볼 때 순이었다. 토끼와 같이 있을 때는 혼자 지나가는 사람이 다가오는 반면, 나머지 상황에서는 무리지어 다니는 사람들만 다가왔다. 이는 동물과 있으면 사람들이 더 쉽게 말을 붙인다는 것을 보여 준다. 동물 중에서도 토끼와 있을 때 사람들은 더 쉽게 말을 걸었으며 거북이와 있을 때는 주로 거북이에 대한 질문으로 대화를 시작했다. 결과적으로 모든 상황에서 비눗방울이나 휴대용 TV보다는 동물과 있을 때 더 많은 사람이 여성에게 접근해서 말을 걸었다.
- 접촉 : 여성에게 다가온 아이들은 대부분 동물을 만졌다. 반면 어른은 토끼 34퍼센트, 거북이 14퍼센트, 비눗방울 8퍼센트 순으로 만졌다.

결론 흔히 볼 수 없는 동물을 보면 사람들은 누구나 관심을 갖는다. 커다란 비눗방울을 불거나 휴대용 TV를 보는 등 호기심을 자극하는 행동으로도 이색적인 동물을 이길 수 없었다. 동물은 많은 사람들의 호기심을 자극하는 매력적인 존재인 셈이다.

전문가들은 동물의 최대 강점은 존재 자체가 사회적 관계를 쉽게 맺을 수 있도록 돕는 능력이라고 말한다. 실제로 반려동물과 함께 있는 것만으로도 사람들은 새로운 사람을 만날 가능성이 높아진다. 왜냐하면 낯선 사람에게 다가가려면 용기도 필요하고, 대화 소재도 준비해야 하고, 대화의 순발력도 요구되는데 낯선 사람이 동물과 함께 있으면 그런 복잡함이 사라진다. 일단 다가가서 동물의 이름과 종이 무엇인지 물어보고, 어떤 음식을 먹이는지만 물어봐도 분위기는 금방 화기애애해지고 대화가 술술 풀리기 때문이다. 이러니 누군가 내게 다가와 주기를 원한다면 동물과 함께하는 것이 답이다.

애무의 정석, 고양이
피셀과 하트의 고양이를 이용한 부부 성 문제 치료

동물은 인간의 건강에 많은 긍정적인 영향을 끼친다. 심리적으로 문제가 있는 사람에게 동물이 무슨 의미가 있을까 싶은데 의외로 치료 효과가 있고, 신체적으로 문제가 있는 경우에도 놀라운 성과를 내므로 그야말로 전천후 명의다. 그렇다면 동물은 성 문제에도 도움이 될까?

피셀과 하트(1989)는 심각한 성 문제를 겪는 부부를 대상으로 동물이 부부 성 문제 해결에 도움이 되는지를 실험했다. 실험에 참가한 부부들은 성관계가 두려워 한 번도 성행위를 한 적이 없는 부부들이었다. 일반적으로 이런 유형의 질환에는 감각 활성화, 특히 촉각의 활성화에 토대를 둔 치료를 한다. 치료는 자신의 몸을 쓰다듬으며 몸의 촉각을 살리고, 상대방에게 자신의 몸을 어루만지는 것을 허락하면서 촉각 자극을 통해 잃어버린 육체적 쾌감을 회복하는 데 초점을 둔다. 주로 여성들이 이 장애로 괴로워한다.

피셸과 하트는 이 실험에 고양이를 활용했다. 문제가 있는 참가자들은 치료 파트너로 고양이를 데려가서 쓰다듬고 품에 꼭 안아서 뽀뽀를 해 주는 등의 상호작용을 했다. 또 부부가 함께 고양이의 몸에 손을 얹고서 쓰다듬고, 품에 안고, 뽀뽀하는 행동을 함께하라고 요청했다.

실험 결과 고양이를 활용하여 치료를 다섯 번 받은 부부 사이에 성관계가 이루어진 것을 확인했다. 실험이 성공하자 연구진은 촉각을 통한 자극 치료를 계속할 수 있도록 부부에게 고양이 입양을 권유했다.

이와 같은 장애를 겪는 부부들은 상황을 더 이상 견디지 못하고 이혼하거나 성관계 없이 살다가 임신과 출산에 대한 욕구가 생기면서 병원을 찾는 경우가 많다. 전문가들은 신체 접촉을 견디지 못해 비롯되는 이런 유형의 장애를 겪을 때는 동물, 그중에서도 고양이가 큰 도움이 된다고 말한다.

부부성장애를 치료하려면 신체 접촉을 기분 좋게 느낄 수 있어야 하는데, 이럴 때 다정한 손길을 바라는 조그맣고 보들보들한 고양이를 쓰다듬으면서 느끼는 따뜻한 온기만큼 좋은 것이 없기 때문이다. 특히 고양이는 기분이 좋을 때 온몸을 기분 좋게 떨면서 가르랑 소리를 내는 특징이 있다. 이때 울리는 고양이의 작은 몸을 어루만지면 촉각도 되살아난다. 이를 통해 무엇인가를 만진다는 것이 기분 좋고 기쁜 일임을 깨닫게 되면서 배우자를 쓰다듬고 어루만지는 단계로 쉽게 이행하게 된다. 이런 과정이 바로 성행위에 필수적인 전제 조건이다.

결론   부부성장애는 일상생활에 지장을 초래하는 심각한 질환이다. 그런데 이 병에도 동물 매개 치료가 도움이 된다니 정말 놀랍다. 앞에 제시된 사례는 동물 매개 치료가 여러 범주에 적용될 수 있음을 보여 준 좋은 사례다. 심리·신체 치료는 물론 부부관계 치료에도 큰 역할을 하니 행복한 부부생활을 원한다면 고양이를 입양해야 할 것 같다.

개랑 있는 저 사람 정말 예의바를 것 같지 않아?
로스바흐와 윌슨의 개 덕분에 얻는 긍정적인 효과 연구

여러 실험을 통해 개는 낯선 사람과의 접촉을 쉽도록 도와 주고, 반려인이라는 것만으로도 이성이 호감을 나타내는 등 긍정적인 효과를 끼침을 알게 되었다. 개와 함께 있기만 해도 사람들이 긍정적으로 평가한다니 정말 대단하지 않은가.

로스바흐와 윌슨(1991)은 동일한 사람이 꽃을 들고 있거나 개와 함께 있는 등 다양하게 찍은 사진 여덟 장을 실험 참가자들에게 보여 주었다. 그리고 참가자들에게 여덟 장의 사진 중에서 어느 사진 속 사람이 가장 다가가기 쉽고 행복하며 편안해 보이는지를 물었다. 또한 미적 측면에서도 사진을 평가해 달라고 요청했다. 평가는 1~8까지 점수를 매겼다. 예를 들어 행복해 보이지 않으면 1점, 가장 행복해 보이면 8점을 줬다.

개의 유무에 따른 평가 점수

	개와 함께 찍은 사진	개 없이 찍은 사진
다가가기 쉬워 보임	4.80	4.20
행복해 보임	5.01	3.99
편안해 보임	5.19	3.81
미적 측면	5.38	3.62

　분석 결과 같은 사람임에도 불구하고 개가 있고 없는 것에 따라 사람을 어떻게 다르게 평가하는지 확인할 수 있었다. 심지어 같은 장소, 같은 조명, 같은 기술 조건하에서 찍은 사진인데도 불구하고 개가 있다는 것만으로도 사진이 미적으로 뛰어나다고 판단했다.

　연구진은 두 번째 실험을 했다. 이번에는 사진 속 인물을 남자와 여자, 배경은 도시와 자연, 집 등으로 다양화시켰다. 그런 다음 개와 함께 또는 개 없이 찍은 사진을 참가자들에게 보여 주었다.

　실험 결과는 첫 번째 결과와 비슷했다. 개의 존재만으로도 사람들은 개가 있는 사진 속 사람들이 더 행복하고, 평온해 보이며 휴식을 취하는 느낌이라고 했다. 이번에도 개가 있는 사진이 미적으로도 더 훌륭하다고 했다. 사진 속 인물이 남성이든, 여성이든 결과는 같았다.

　개와 함께 있다는 것만으로도 호의적인 평가가 넘쳐났다. 도대체 개와 함께 있는 것이 사람을 얼마나 좋아 보이게 하는 것일까? 필자는 배경과 상황, 인상 등 호감을 느낄 수 있는 분위기의 사진을 참가자들에게 보여 주었다. 이번에도 첫 번째 사진에는 목줄을 채운 래브라도리트리버와 함께 사람이 있고, 두 번째 사진에는 사람만 있었다.

참가자들에게는 사진 한 장으로 인성을 판단할 수 있는지를 알아보는 실험이라고 설명했다. 참가자들은 사진을 주의 깊게 관찰한 뒤 '예의바른', '믿음직한', '사교적인', '친절한' 등 긍정적인 단어로만 이루어진 30개의 형용사 목록을 바탕으로 인물을 묘사해야 했다. 이 실험에서는 개수와 상관없이 형용사를 자유롭게 선택해서 사람을 묘사할 수 있으나 주어진 형용사에 부정적인 단어는 없으므로 부정적인 평가는 할 수 없다.

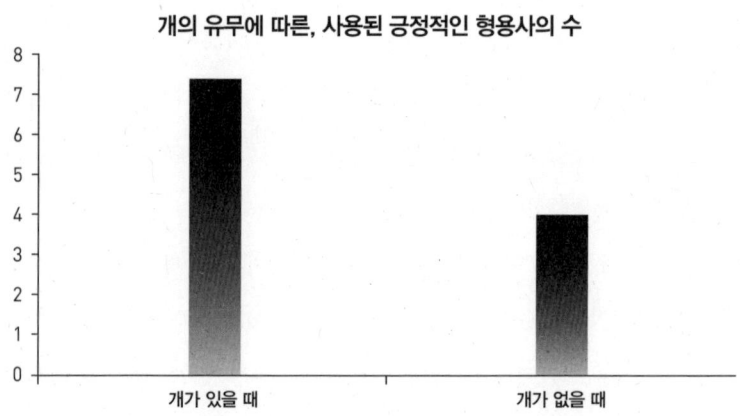

실험 결과 참가자들은 개와 함께 있는 인물에 대해 긍정적인 형용사를 더 많이 사용했다. 그래서 더 풍부한 묘사가 되었다. 결과적으로 사람들은 동물과 함께 있는 사람을 보면 인성을 이루는 더 많은 좋은 단어를 떠올렸다.

좋은 말만 할 수 있는 상황이 주어지면 사람들은 좋은 말을 더 많이 한다. 필자는 인물 사진을 이용한 한 가지의 실험을 더 해보기로 했다. 참가자들에게 사진 속 남자가 교사고, 병원에서 학생들과 함께 봉사하기를 원하며, 소방서에서 자원봉사를 한다는 사실을 알려주었다. 또 9년 전에 결혼했고, 자녀가 둘인데 아내가 직업상의 이유로 주중에는 출장을 자주 가기 때문에 남자가 육아를 담당할 때가 많다는 설명도 추가했다. 그런 다음 앞과 같은 방법으로 개와 함께 있는 남자의 사진과 혼자 있는 사진을 보여 주고 이 사람이 어떨지 주어진 긍정적인 형용사를 사용해서 말해 보라고 했다.

이번에도 사람들은 개가 없을 때(11.7개)보다 개와 함께 있을 때 (13.8개) 긍정적인 형용사를 더 많이 사용해서 사진 속 사람을 판단했다. 사람들은 좋은 사람이라고 판단한 상태에서도 개가 있으면 긍정적인 형용사를 더 많이 추가했다.

결론

개와 함께 있는 것만으로도 사람은 더 행복하고 평온해 보이는 모양이다. 개와 함께 있다는 것만으로도 사람의 품성과 자질에 대한 평가뿐만 아니라 사진의 미학적 측면에도 높은 점수를 준다니 정말 놀라운 결과다. 또한 좋은 말만 할 수 있는 상황에서도 개를 데리고 있는 사람에게 긍정적인 평가를 훨씬 더 많이 할 정도로 개의 존재는 사람을 판단할 때 결정적인 요소였다. 이처럼 그저 함께 있기만 해도 득이 되는 것이 많은 이유는 개라는 존재가 인간에게 굉장히 가깝고 긍정적으로 인식되기 때문이다. '예쁘고', '귀엽고', '믿음직스럽고', '대견한' 등 개를 평가하는 말에는 부정적인 단어를 찾아보기 어렵다. 그러니 개와 함께 있는 사람에 대해서도 좋은 말만 할 수밖에!

7장 동물에게 배우는 **긍정의 마음**

전문가들은 동물이 인간의 신체, 생리학적 요인에 끼치는 긍정적인 영향보다 심리적 영향에 주목한다. 동물과 인간이 맺는 관계는 어떤 사회적 관계와도 비교할 수 없을 만큼 특별하기 때문이다. 동물은 인간을 판단하지 않고, 아무것도 탐내지 않으며, 고정관념이나 잘못된 믿음, 편견의 영향도 받지 않는다.

네가 있어서 다행이야!
반려동물이 인간의 심리적·정신적 건강에 끼치는 효과

　반려동물을 입양하는 시기는 언제가 좋을까? 물론 입양 시기는 사람마다 개인적인 차이가 있지만 연구자들은 우울함에 빠져 있을 때가 입양하기 가장 좋은 때라고 알려 준다. 과학자들이 그렇게 주장하는 이유는 폴스 등(1994)과 개리티 등(1989)의 연구에 따르면 반려동물이 이혼, 친지의 죽음 등으로 받는 스트레스를 줄이는 것은 물론 불안과 고독, 우울증을 완화한다는 결과 때문이다. 벡과 캐처(1983), 트리벤바허(1998) 등에 따르면 반려동물은 이뿐만 아니라 자율성과 자신감을 높이는 데도 도움을 주었다. 이처럼 반려동물과 함께 사는 일은 심리적인 면에서 많은 장점이 있다.

　그렇다면 반려동물은 어떤 방법을 통해 인간에게 도움을 줄까? 반려동물이 인간에게 주는 가장 큰 선물은 조건 없는 사랑이다. 타인과 관계 맺기에 서툴거나 타인과 사랑을 주고받지 못하는 사람도 자신의 반려동물에게는 무한한 사랑을 받을 수 있다. 뿐만 아니라 개는 충직하기도 하다. 애인이나 친구에게 배신당하면 인간은 신의에 대한 믿음을 잃어버릴 때가 많다. 그럴 때 우리 곁에 얌전히 앉아 있는 반려동물을 보면 모든 살아 있는 존재가 다 배신자는 아니며 동물의 조건 없는 사랑은 계속 믿어도 된다는 믿음을 얻게 된다. 반려동물은 보답을 바라지 않고 인간을 사랑하는데 그 사랑이 바닥까지 떨어진 사람들의 마음을 어루만져 주는 것이다.

"내가 그렇게 못난 놈은 아닌가 보네. 그래도 이 녀석은 나를 좋아하고 내 옆에 있어 주는 걸 보니."

우울증에 빠진 사람도 이렇게 생각하게 만드는 것이 바로 반려동물의 힘이다. 맥니콜라스와 콜린스(1998), 웰스(2004)는 개는 대인관계에 힘들어하는 사람에게 도움을 줘서 우울증 환자에게 특징적으로 나타나는 자폐 증상을 피하게 해 준다고 밝혔다. 그래서 오늘날 몇몇 임상의들이 우울증 치료를 위해 반려동물을 활용해 성공적인 성과를 얻고 있다(Souter & Miller, 2007).

심리학자들은 개가 인간의 삶의 질에 얼마나 영향력이 있는지를 알아보기 위해 개를 키우는 50세의 여성과 지금은 개를 키우지 않는 여성을 비교했다(Branch, 2008). 면담 분석 결과를 통해 연구자들은 개의 존재가 사람에게 다음과 같은 영향을 끼친다는 결론에 이르렀다.

- 개가 주는 무조건적인 사랑을 통해 자존감이 높아졌다.
- 정신 건강이 좋아졌다.

- 개와 함께 산책을 하면서 신체적으로 건강해졌다.
- 걷기나 공원 산책 등을 통해 타인과의 사회적 접촉이 증가했다.
- 더 사랑받고 덜 외로우며 반려동물과 함께 살아서 안전하다고 느끼기 때문에 삶의 질이 향상되었다.

참가자의 70퍼센트가 반려동물의 존재가 삶의 질에 대단히 중요한 역할을 한다고 대답했다. 또한 이혼, 가족의 죽음 등 극심한 스트레스를 받을 때 반려동물의 무조건적인 사랑이 긍정적인 역할을 했다는 사실을 강조했다.

헌트와 스타인(2007) 등의 심리학자들은 정신질환치료센터에서 반려동물을 입양하여 함께 생활하는 정책을 적극 장려한다. 실제로 치료센터의 동물은 환자의 정서적 안정을 돕고 책임감을 높이며 대인관계를 발전시켰다.

결론

사람에게 우울한 상황이 반복되거나 지속되어 정신적·심리적으로 심각한 상태가 되었을 때에도 반려동물은 판단 없는 무한한 사랑으로 사람에게 안정감을 제공한다. 자신이나 타인에 대한 신뢰를 상실해 회의에 빠졌을 때도 반려동물은 감정의 폭풍 속을 헤쳐 나가도록 도와준다. 그러니 사랑하는 사람이 불행한 일을 당했다면 조심스럽게 반려동물을 선물하는 것도 괜찮은 생각이다. 직접 도와주지 못하고 동물한테 그 역할을 떠넘기느냐고 한마디 하는 사람도 있겠지만 어쩌랴 상처를 보듬는 능력이 인간보다 동물이 뛰어난 것을!

치료견이 정신과 최고의 명의
우울증 환자 X의 동물 매개 치료 효과

동물을 활용한 정신 치료는 많이 이루어지고 있다. 소크알링엄 등(2008)은 심각한 우울증으로 잦은 자살 시도를 해서 여러 차례 정신병원에 입원한 경력이 있는 43세 남자 X의 치료에 동물을 활용했다. X는 걸핏하면 울고, 말도 하지 않았으며, 자신감과 의욕도 낮았다. 불안에 휩싸여 뜬 눈으로 밤을 지새우기 일쑤였고, 집중력도 떨어졌다. 어떤 결정도 내리지 못하는 우유부단한 모습을 보였으며 심리적으로 불안정했다. 과거를 살펴보니 그는 어린 나이에 어머니를 여의고 평생 일자리를 찾아 이리저리 떠돌며 살았다. 어렸을 때 잠시 마음을 깊이 나눈 개와 함께 살기도 했다.

의사들은 그에게 신경안정제, 항우울제 등을 처방했지만 아무런 효과도 없었다. 고민 끝에 개로 치료해 보자는 결정을 내렸고 골든리트리버 루디가 치료팀에 합류했다. 치료를 위해 X에게는 루디를 돌봐야 하는 임무가 떨어졌다. 3주 동안 X는 루디에게 밥을 주고, 산책을 시키는 등 하루에 몇 시간씩 루디를 돌봐야 했다. 그런데 3주가 지나자 X에게 여러 가지 변화가 나타났다.

우울함이 줄어들었고, 삶을 희망적으로 보게 되었으며, 불안감이 감소했고, 말수가 늘었으며, 수면의 질이 향상되었고, 집중력도 좋아졌다. 개를 산책시키면서 매일 운동을 하자 신체 건강도 좋아졌다. 또한 다른 사람, 특히 여성들에게 소외되는 현상이 줄어들었다. 개와 함께 있는 것이 여성의 관심을 끌었기 때문이다. 덕분에 X는 옛날 친구들에게 다시 연락을 하기 시작했다.

또한 루디가 자신에게 의지하자 전반적인 자기 통제력이 높아지면서 되는 대로 살지 않게 되었다. 이전의 그는 혼자서 아파트를 구하지도 못하고 집안일도 할 줄 모르던 사람이었다. 그런데 루디 덕분에 작은 것에도 다른 사람이 자신을 인정해 주기를 바라던 마음이 사라졌고, 오히려 타인을 위로하고 응원할 수 있게 되었다. 루디를 통해 자신이 좋은 사람이고 꼭 필요한 존재라고 인식하면서 삶에 자신감을 갖게 된 것이다.

코바치 등(2004)의 또 다른 연구에서는 정신분열증 환자 집단을 대상으로 동물 매개 치료를 진행했다. 헝가리의 부다페스트 정신병원에서 여러 해 동안 생활하고 있던 30~60세의 정신분열증 환자 7명을 연구 대상으로 하여 9개월 동안 주 1회씩 동물 매개 치료를 진행했다. 만성 정신분열증 환자는 사회 활동 수준이 낮고 수용 생활을 하면 할수록 장애가 더 심해지는 경향이 있다.

환자들은 매회 50분 동안 병원 뜰이나 병실에서 개를 만났다. 치료가 시작되면 개는 환자의 관심을 끌기 위해 주위를 맴돌았고, 연구진은 환자들에게 개와 감정과 생각을 나누라고 요청했다. 간단한 운동을 통해 환자의 반응을 유도해 사람과 동물 사이의 우정과 상호작용을 늘리기도 했다. 환자들은 개에게 먹이를 주고 빗질을 하고 함께 운동을 했다. 모든 활동은 놀이를 하듯 자연스럽게 이루어졌다.

동물 매개 치료가 진행된 뒤 다양한 활동의 변화를 조사했다. 식사, 세수, 샤워 등 일상활동과 집안일을 수행하는 능력, 건강, 돈 관리 능력, 교통수단 이용 능력, 시간 관리 능력, 구직과 관련된 다양한 활동을 측정했는데 결과적으로 보면 모든 부분에서 능력이 현저하게 향상된 것으로 나타났다. 정신분열증 환자의 사회적 능력 향상에 동물 매개 치료가 큰 영향을 끼친 것이다.

활동	집안일	건강	시간 관리	돈 관리	교통수단 이용	식사 준비	몸단장
향상	○	○	○	○	○	○	○

또 다른 연구에서 심리학자들은 동물 매개 치료가 다양한 정신 질환을 앓는 환자들의 불안심리를 줄이는 데 영향을 끼치는지를 조사했다(Barker & Dawson, 1998). 정신질환으로 입원한 환자 230명에게 동물 매개 치료를 받게 해서 이들이 겪는 장애를 줄이는 것이 연구의 목표였다. 연구진은 동물 매개 치료의 효과를 비교하기 위해서

취미 활동과 여행 등을 통해 치료하는 여가 치료를 병행했다. 연구진은 두 치료를 받기 전과 후에 환자가 느낀 불안 정도를 평가했다.

평가 결과 여가 치료를 받았을 때는 기분장애 환자만 불안이 감소하는 결과를 보인 반면, 동물 매개 치료를 받은 후에는 정신장애와 기분장애, 다른 장애가 있는 환자 모두 불안심리가 크게 줄어들었다. 따라서 다양한 정신질환 환자들에게 동물 매개 치료를 실시하면 불안심리가 줄어드는 효과가 있음을 알 수 있다.

결론

반려동물이 다양한 정신장애를 완화시키는 데 긍정적인 효과를 미친다는 것은 부인할 수 없다. 반려동물은 환자들에게 평안을 가져다 주고 정신질환 증상을 감소시킨다. 그러므로 의료진이 정신질환자 치료를 위해 동물 매개 치료를 적극적으로 받아들이면 좋은데 그러려면 동물 매개 치료가 가능한 환경이 조성되어야 하고, 환자가 개 공포증이 없는지, 알레르기가 없는지 등을 철저히 고려해야 한다. 물론 동물 매개 치료를 수행하는 치료견은 훈련이 잘 되어 있어야 한다. 치료견은 공격적이지 않으며 사람의 명령을 잘 따르면서 환자와의 관계에서 스트레스를 받지 않는 친화력이 좋은 개가 적당하다. 이런 것만 보완된다면 동물 매개 치료는 많은 질병의 개선에 큰 역할을 할 것이다.

야옹, 병문안 왔어요
동물을 동반한 문병이 입원 환자에게 끼치는 영향

일상에서 반려동물은 반려인의 삶에 긍정적인 영향을 끼친다. 특히 건강에 좋은 영향을 끼친다는 것에는 의심의 여지가 없다. 실제로 미국에서는 현대간호학의 창시자인 플로렌스 나이팅게일이 의료 행위에 동물을 이용하는 것을 내용으로 한 논문을 최초로 발표하기도 했다. 그녀는 동물이 만성 질환자를 비롯해 많은 환자에게 훌륭한 친구가 될 수 있으며, 새장 속 작은 새가 몇 년 동안 병실에 갇혀 지내는 환자의 삶에 유일한 기쁨이 될 수 있다고 했다.

치료 목적으로 동물을 활용한 역사

입원 환자를 대상으로 행해진 최초의 실험은 20세기 초로 거슬러 올라간다. 제2차 세계대전 중인 1944년 뉴욕의 한 병원에서는 부상을 당하거나 피로에 시달리는 병사들을 위해 개를 병원으로 데려와 활용했다.

동물 매개 치료라는 용어는 1961년 소아정신과 의사인 보리스 레빈슨이 처음 사용했다. 그는 아이들을 치료할 때 개를 데려가면 긍정적인 효과가 있어서 말하기를 거부하던 아이들도 자기 의견을 표현하고, 더 열린 태도로 치료에 참여한다고 밝혔다. 하지만 당시에는 의학계나 과학계 모두 그의 생각을 비웃었고, 동료들마저 그의 작업을 조롱하거나 회의적인 반응을 보였다. 하지만 대표적인 심리학자인 설리번도 정신분석학 창시자인 프로이트도 환자를 진료할 때 항상 개와 함께했다.

레빈슨 이후 동물이 점차 여러 치료에 활용되면서 치료에 긍정적인 영향을 끼치게 되었다. 물론 많은 치료에 개가 이용되었지만 우울증 환자 치료에는 돌고래가, 지체장애인 치료에는 말이 이용되어 균형감과 근육 운동을 돕기도 했다. 이처럼 동물은 시각장애인을 돕는 안내견만이 아니라 여러 분야에서 인간이 장애를 극복하고 독립적으로 살아가도록 돕는다.

노인과 동물

심리학자인 오리와 골드버그(1983)는 반려동물이 노인들의 안정에 끼치는 영향에 관심을 가졌다. 특히 마이애미 의과대학의 루트왁-블룸과 그의 연구진(2005)은 주 2~3회씩 개와 함께 문병을 가는 것이 퇴직한 노인들의 정신 건강에 어떤 영향을 끼치는지에 주목했다. 연구진은 노인 병원 두 곳에 입원한 환자 중 70세 내외의 노인 68명을 무작위로 선정해 대상 환자 중 절반에게 6개월 동안 주 3회씩, 매회 20분 동안 개와 함께 방문했다. 나머지 환자에게는 방문하지 않았다.

연구를 시작하기 2주 전과 2주 후, 환자들에 대한 테스트가 이루어졌다. 그 결과 개를 데려간 환자들은 그렇지 않은 환자들에 비해 뚜렷한 변화가 발생했다.

	개의 방문을 받은 집단	개의 방문을 받지 않은 집단
분노	5.4% 감소	뚜렷한 변화 없음
혼돈	78.0% 감소	
낙심	45.0% 감소	
피로	54.0% 감소	
불안	49.0% 감소	
활력	4.7% 증가	

일주일에 3회씩 개를 만난 노인들은 삶의 의미를 되찾게 되었다. 개는 노인들에게 기쁨을 더해 주었고, 소심함에서 벗어나 다른 사람과 관계를 맺게 해 주었다. 또 자신의 감정을 더 잘 드러내도록 도왔다. 그야말로 인간관계의 촉매제가 된 것이다.

또 다른 연구에서 심리학자들은 정신과 병원에 입원한 노인 29명에게 개를 활용한 동물 매개 치료를 받게 한 후 변화를 측정했다 (Zisselman, Rovner, Shmuely & Ferrie, 1996). 연구진은 5일 동안 매일 노인에게 개를 데려가 한 시간 동안 머물렀다. 이 연구의 목적은 노인

정신과 병원에 입원한 환자에게 동물 매개 치료가 끼치는 영향을 평가하는 것이었다. 연구자들은 치료 전후에 다양한 테스트를 통해 환자의 변화를 측정했는데 동물 매개 치료를 받은 치매 노인들의 흥분도가 감소한 것으로 나타났다.

결론 동물의 존재가 노인들에게 유익하다는 사실이 확인되었다. 지속적으로 치료견과 만나지 않고 어쩌다 한 번씩 만나더라도 노인들에게 도움이 되었다. 따라서 병원에 입원한 노인을 만나러 갈 때에는 개와 함께 가는 것이 도움이 될 것이다. 물론 걸림돌도 있다. 병원에 따라 위생 관리 문제로 통제하는 곳이 있기 때문이다. 하지만 개와의 만남을 통해 입원한 노인이 얻는 것이 큰 만큼 노인 전문 병원은 네 발 달린 방문객에 대해 더 관대해질 필요가 있다.

거식증, 폭식증도 개선시키는 말 매개 치료

말과의 상호작용이 신체적·정신적 안정에 끼치는 영향

말은 인간이 길들인 동물 중 가장 우아하고 아름다운 동물이다. 게다가 여러 산업 분야에서 인간을 도와 사회 발전에 공헌하기도 했다. 그런 말이 이제는 인간 질환의 치료 도우미로 부각되고 있다. 현재 말 치료, 말 매개 치료, 승마 재활 치료 등으로 불리는 말을 활용한 치료는 상당한 인기와 함께 확실한 성과를 거두고 있다. 말은 기계가 도입되기 전 몸으로 노동하던 근육질 동물에서 이제 인간을 치료하는 동물로 자리매김하고 있다.

데이비스와 그의 연구진(2009)은 위중함의 정도가 다른 뇌성마비 아이들에게 승마가 끼치는 효과를 조사했다. 뇌성마비는 미성숙한 뇌에 손상이 나타나는 신경장애로 증상은 사시와 경련, 지속적인 근육경직 등이다. 실험에 참가한 아이들은 조용하고 유순한 말과 함께 10주 동안 승마 수업에 참여했다.

10주 간의 수업이 끝난 후 승마 수업을 받은 아이들의 변화를 측정했다. 승마 수업을 받은 아이들은 신체적·정신적 안정 수준, 감정 상태, 자아 인식 수준이 높아졌다. 이 결과에 대해 연구진은 승마를 통해 신경이 자극되고, 균형감을 갖게 되면서 아이들의 움직임과 활동 제어 능력이 향상되었기 때문이라고 판단했다. 또한 신체 능력만 증진된 것이 아니라 '승마'라는 접하기 쉽지 않은 일을 성공적으로 수행함으로써 긍정성이 높아지고, 자아 존중감이 느는 등 심리적인 면에도 큰 영향을 끼쳤다.

이런 결과는 다른 연구에서도 여럿 확인되었다. 벤트루도(2006)는 뇌성마비 아이들을 일주일에 한 번씩 승마 수업에 참여시키자 아이들의 신체적·인지적·사회적·감정적 능력이 향상되었다고 밝혔다. 루터(2008)는 거식증·폭식증 등 섭식장애를 겪는 아이들에게 승마를 시켰다. 30일 후 아이들의 우울증 수치가 현저하게 낮아지고 섭식장애가 개선되었다.

더욱 흥미로운 연구 결과도 있다. 과연 말이 범죄 예방의 조력자 역할을 할 수 있을까? 미국 콜로라도 대학교의 폴리(2008)는 소년원에 수감되어 있는 여자 청소년들을 말을 돌보고 말과 상호작용을 나누는 프로그램에 참여시켰다. 그러자 이 프로그램에 참여한 수감자들은 주먹다짐, 폭력 등 문제 행동이 줄었고 화를 덜 내는 등 감정 통제 능력이 높아졌다. 또한 소년원 내에서 마약 투여, 탈출 시도 등의 부정적인 행동도 줄었다.

러셀-마틴(2006)은 부부 치료에도 말을 활용했다. 연구진은 문제가 있는 부부 중 한 집단은 함께 승마를 한 후 상담을 받게 했고, 다른 집단은 전통적인 부부 치료를 받게 했다. 6번의 승마 치료가 끝난 뒤 두 집단을 비교했다. 각 부부는 상대에 대해 얼마나 알고 있고, 서로의 욕구와 필요를 어느 정도 이해하는지를 알아보는 테스트를 받았다. 이 테스트는 부부 사이에 신뢰와 애정이 높을수록 높은 점수를 주는 방식으로 진행되었다.

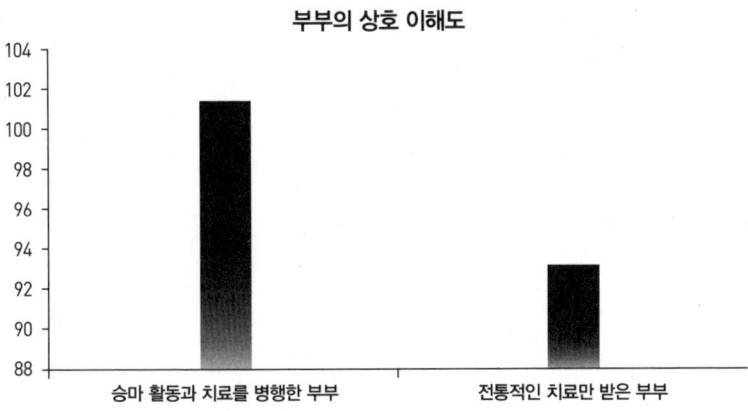

테스트 결과에서 볼 수 있듯이 승마 활동이 포함된 치료를 받은 부부의 양자 이해 수준이 더 높게 나타났다. 부부는 말과의 상호작용 단계를 통해 경험을 공유하고 새로운 것에 대해 이야기함으로써 이전에 함께하며 즐거웠던 일들을 떠올리게 된다. 이런 과정을 통해 서로에 대한 이해도가 높아지는 것이다.

결론 부부 치료, 범죄 예방, 중증장애인 보조 등 말의 활용 영역은 매우 광범위해 보인다. 말은 개와 마찬가지로 수천 년 전부터 인간과 관계를 맺어온 만큼 인간과 상호작용을 나누는 능력이 뛰어난 동물이다. 더군다나 말을 쓰다듬거나 승마를 할 때 말과 나누게 되는 접촉은 인간의 운동 능력과 자세, 근육 발달에 영향을 끼친다. 이렇게 인간에게 긍정적인 효과를 많이 끼치니 앞으로도 인간은 말에게 많은 빚을 질 것 같다.

교도소로 간 동물들
재범률 0퍼센트로 만드는 교도소 동물의 놀라운 기적

심리학자들이 최근 교도소 수감자들을 교화하기 위해 기발한 생각을 해냈다. 교도소에 개를 데려가 수감자들의 심리적 건강 상태의 변화를 알아보고 출소 뒤의 행동에 미치는 효과를 측정하는 것이었다. 수감자들은 대부분 외로움으로 괴로워하거나 자기가 저지른 행위에 대한 책임을 부정하고, 자신감이 저하되는 등의 심리 문제로 고통을 받고, 교도소에 갇혀 있다는 것만으로도 스트레스를 겪는다.

스트림플(2003) 같은 심리학자들은 개는 물론 말 등을 이용해서 동물의 치료 능력을 알아보기도 했다. 하지만 결국 수감자들을 심리적으로 안정시키고 교화하기 위해 활용한 동물은 개였다. 연구자들은 수감자들에게 개를 맡긴 후 동물을 돌보고 보살피라고 요청했는데 결과적으로 이 방법을 통해 수감자들은 심리적으로 긍정적인 변화를 일으켰다. 하인즈(1983)는 교도소로 보낼 개들을 노인이나 장애인을 돕는 도우미견을 훈련시키는 것처럼 뚜렷한 목적을 갖고서 훈련시키기도 했다.

이 연구는 발전하여 POOCH 프로젝트라는 이름으로 계속되었다. POOCH 프로젝트는 '개와 함께 긍정적인 기회와 뚜렷한 변화를 Positive Opportunities, Obvious Change with Hounds'이라는 의미를 지닌 프로젝트였다. 유기견과 학대받은 개들을 수감자들에게 맡기고 변화를 관찰했는데 프로젝트 결과 수감자들의 사회적 행동이 명백하게 개선된 사실이 확인되었다.

연구에 참여한 곳은 미국 오리건 주 우드번의 맥클라렌 교도소였다. 그곳에 수용된 젊은이들은 대부분 살인이나 성폭행 등의 중범죄로 유죄 선고를 받은 이들이었다. 연구자들은 이들 중 평균 15세의 수감자를 선발해 문제견을 돌볼 것을 요청했다. 이 개들은 과도하게 짖거나 공격성을 띠는 등 행동에 문제가 있는 개들이었다.

샌드라 메리엄-아듀이니(2000)는 POOCH 프로젝트가 미성년 수감자들의 행동에 끼친 영향을 살폈다. 연구 결과 1993년부터 1999년까지 이 프로젝트에 참가한 수감자들은 놀라운 변화를 보여 주었다. 그들은 프로젝트 후 사회적 상호작용을 더 많이 하게 되었으며, 상대를 존중하는 법을 배웠고, 다른 사람의 느낌과 생각에 공감하는 법을 배웠으며, 타인에 대해 신뢰하는 법도 배웠다. 이런 과정을 통해 자긍심이 증가하는 등의 상당한 변화가 찾아왔다.

하지만 놀라움은 여기서 그치지 않았다. 더 놀라운 것이 남아 있었다. 이곳의 출소자들은 재범률이 평균 60퍼센트였는데 이 프로그램에 참여했던 출소자들은 재범률이 0퍼센트였던 것이다. 다른 실험에서도 같은 결과가 이어졌다. 위스콘신 교도소의 수감자 68명에게 개를 훈련하는 임무를 맡긴 스트림플(2003)의 연구에서도 한 명도 감옥으로 돌아오지 않았다.

이렇게 놀라운 결과가 있었음에도 불구하고 아쉽게도 교도소 동물에 대한 연구는 그리 많지 않다. 이 분야에서의 최초의 연구 중 하나는 수감자 재교육센터에서 개를 훈련시키는 프로그램에 대한 버스태드(1990)의 연구다. 연구 결과를 보면 참여한 수감자들의 자신감 향상이 두드러지게 나타났다.

터너(2007)도 인디애나 도우미견과 청소년 네트워크라는 프로그램을 통해서 이를 입증했다. 참가자들은 일단 수감자 1,400명 가운데 자신이 프로그램 참가자인 6명에 뽑힌 것을 자랑스럽게 여겼다. 프로그램 결과 참가자들은 자신감이 향상되었을 뿐만 아니라 행동도 개선된 것으로 나타났다. 또한 일부 수감자들에게서 인내심과 다른 사람을 돕는 능력이 향상되었다.

이 프로젝트에서 도우미견을 훈련시키도록 하면 효과는 더 강화된다. 오스트레일리아의 왈스와 마틴(1994)은 절도, 매춘, 마약 등 그다지 심각하지 않은 범죄로 수감된 여성들의 교화 프로그램에 개를 포함시켰다. 이 프로그램에서 여성 수감자들은 노인이나 지체장애인을 돕는 도우미견을 훈련시키는 일을 맡았다. 수감자들은 전문가의 감독하에 개를 관리하고 훈련시키는 일을 전적으로 책임졌다. 프로그램 기간은 훈련 성과에 따라 4주에서 12주까지 다양했다.

참가한 수감자들은 모두 자원한 이들이었는데 프로그램 종료 결과 긍정적인 변화가 많이 나타났다. 수감자들은 프로그램 수행 전후에 자아존중감 테스트(쿠퍼스미스 테스트)와 우울증 테스트(IPAT)를 받았는데 테스트 결과는 다음과 같았다. 쿠퍼스미스 테스트는 점수가 높을수록 자아존중감이 높고, IPAT 테스트는 점수가 낮을수록 우울 정도가 낮다.

프로젝트 참가자의 자아존중감과 우울증 점수 변화

참가자	쿠퍼스미스 테스트 (자아존중감 테스트)		IPAT (우울증 테스트)	
	전	후	전	후
1	96	80	10	4
2	92	100	9	5
3	88	96	12	8
4	100	96	10	6
5	84	80	12	16
6	80	96	23	7
7	44	82	30	13
8	12	24	48	36

이 프로그램을 통해 5번 참가자를 제외한 7명의 참가자가 긍정적인 변화를 겪었다. 특히 자아존중감이 심각하게 낮고, 우울증이 심해서 우려를 보였던 7번과 8번 참가자가 심리적으로 가장 안정된 것이 확인되었다.

결론

동물을 통해 교도소에 사는 수감자들의 심리 상태를 변화시킨다는 것이 엉뚱하기 이를 데 없어 보였지만 이 프로그램은 긍정적인 효과를 보여 주었다. 동물은 자신감을 잃은 사람들에게 스스로 유익한 존재라는 사실을 깨닫게 했고, 이들로 하여금 타인의 판단을 두려워하지 말고 상호작용을 나누라고 조언했다. 동물은 폐쇄된 공간에 갇힌 사람들의 정신 건강도 증진시키는 매개체가 된 것이다.

그리고 무엇보다 재범률이 감소한 것은 놀라운 변화였다. 그래서 미국에서는 재범을 예방하는 새로운 방법으로 개 훈련 프로그램을 많이 활용한다. 미국을 제외한 곳에서는 아직 이 방법을 활용하고 있지 않지만 아마도 교도소 동물 프로그램이 수감자들에게 긍정적인 영향을 미친다는 확신이 없어서일 것이다. 하지만 좋은 연구 결과들이 속속 나오고 있으니 여러 나라에서 이 방법을 적극 활용하면 좋겠다.

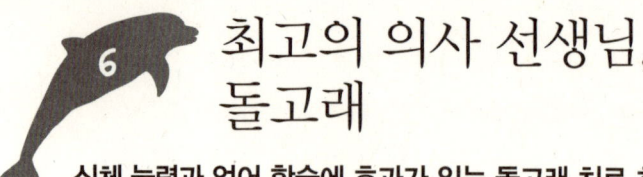

최고의 의사 선생님, 돌고래

신체 능력과 언어 학습에 효과가 있는 돌고래 치료 효과

바다에 사는 포유류 중 인간이 가장 친숙하게 느끼는 동물은 바로 돌고래다. 항상 미소 짓는 듯한 얼굴로 인한 친근함, TV 시리즈 〈돌고래 플리퍼〉에서 보여 준 밝은 모습 그리고 가장 영리한 바다 포유류라는 이미지는 돌고래에게 특별한 지위를 부여했다. 심지어 돌고래는 아픈 사람들의 훌륭한 치료사기도 하니 인간의 돌고래 사랑은 줄지 않을 듯하다.

돌고래는 학습 능력이 뛰어나고 노는 것을 좋아하여 자연스럽게 아픈 사람들의 치료 보조자가 되었다. 게다가 돌고래를 만나려면 물에 들어가야 하는데 물 자체가 아픈 사람에게는 치료 효과를 발휘하니 돌고래 치료는 그야말로 일석이조라고 할 수 있다. 물론 돌고래 치료가 모든 문제를 다 해결하지는 못하지만 전통적인 서양

의술만 이용했을 때보다는 빠른 진전을 보이는 것이 확실하다.

네이선슨 등(1997)은 신체 자극과 언어 학습을 중심으로 일반 치료와 돌고래 치료를 비교했다. 일반 치료는 몇 달 간, 돌고래 치료는 2주간 진행되었다. 에인절만증후군, 다운증후군, 레트증후군, 고양이울음증후군, 자폐증 등 유전적인 중증 장애를 겪고 있는 2~13세 아이들을 대상으로 했다. 아이들은 예를 들어 '공'이라는 단어를 말하는 법을 배우는 단어 습득 과정과 물건을 제대로 잡는 신체 능력을 훈련받았다.

돌고래와 함께하는 치료는 매일 40여 분 동안 진행되었다. 물 안에 떠다니는 공을 잡거나 공을 보며 '공'이라고 말하도록 교육했다. 돌고래 치료를 받은 아이들은 두 치료법을 비교하기 위해 돌고래 치료 6개월 전에 일반 치료를 받은 상태였다.

실험 결과 돌고래 치료를 받은 71퍼센트의 아이들이 평균 13.4일 만에 연구진이 요구한 물건을 잡을 수 있었다. 이전에 6개월 동안 일반 치료를 받을 때에는 한 명도 물건을 잡지 못했다. 또한 돌고래 치료를 받은 아이들은 평균 11.4일 만에 짧은 단어나 짧은 문장을 익혔지만 이전에 일반 치료를 받았을 때는 교육 성과가 전혀 없었다.

돌고래 치료는 아이들의 주의를 집중시키고, 동기를 유발하는 자극도 되어서 긍정적인 결과를 가져온다. 돌고래 치료가 아이에게 무엇이든 하고자 하는 의욕을 불러일으키는 데 반해 일반 치료는 의욕을 일으키지 못했다. 아이들이 돌고래 치료를 통해 얻은 '자극'과 '동기 유발'은 모든 아이들 교육에 필수적인 요소다.

1년 뒤 네이선슨 등은 보충 실험을 했다. 자극과 동기 유발만으로는 실험 결과를 설명하기에 부족했기 때문이다. 연구진은 돌고래 매개 치료를 받은 아이들의 부모에게 연락해 돌고래 치료 기간 동안 향상된 아이들의 능력이 계속 유지되었는지를 물었다. 질문 결과 대부분의 경우 돌고래 매개 치료의 긍정적인 결과가 지속되고 있었으며 2주 동안 돌고래 치료를 받은 아이들이 1주 동안만 치료를 받은 아이들보다 효과가 더 오래 지속되었다.

이보다 덜 심각한 질환이나 심리적인 문제가 있는 경우에도 돌고래 치료가 효과적이라는 연구 결과가 있다. 안토니올리와 리벌리(2005)는 우울증을 앓는 집단에 돌고래 치료 또는 환경 보호 프로그램에 참여할 것을 제안했다. 돌고래 치료에 참가한 사람들은 훈련된 돌고래와 함께 수영하고 상호작용을 나누며 시간을 함께 보냈다. 환경 보호 프로그램에 참여한 사람들은 산호초가 우거진 바다에서 수영을 하며 산호초의 중요성을 깨닫는 기회를 가졌다. 참가자들은 치료 프로그램 참가 전후에 우울증과 불안감 측정 조사를 받았다.

조건에 따른 평균 우울 및 불안 지수

	돌고래 집단		환경 보호 프로그램 집단	
	치료 전	치료 후	치료 전	치료 후
우울 지수	20.27	6.87	18.80	12.73
불안 지수	42.87	33.07	43.20	37.47

조사 결과에서 알 수 있듯이 두 집단에서 모두 긍정적인 효과가 나타났지만 산호초 바다에서 수영을 했을 때보다 돌고래와 함께 물놀이를 할 때 효과가 더 컸다.

연구자들은 돌고래와의 상호작용은 보기에도 아름답지만 돌고래가 함께 놀기를 좋아하고 끈기가 있으며 사람과는 달리 아무런 판단도 하지 않기 때문에 더 긍정적인 결과가 나온다고 보았다. 돌고래가 온 몸으로 보여 주는 친근함도 환자들을 물속에서 두려움을 덜 느끼도록 했다.

또한 초음파 감지기를 통해 돌고래의 초음파를 분석한 결과 돌고래가 내는 소리는 사람들에게 격려하는 말로 들릴 수 있었다. 덕분에 사람들은 돌고래와 상호작용을 하며 부정적인 마음을 떨칠 수 있었던 것이다.

돌고래 없이는 절대 안 돼!

많은 연구를 통해 돌고래가 훌륭한 치료 도우미가 된다는 사실을 알았다. 그렇다면 돌고래 치료는 신체적·정신적·심리적 장애를 갖고 있는 환자에게만 효과가 있을까?

웹과 드럼몬드(2001)는 신체적·정신적으로 특별한 문제가 없는 성인을 수영장에서 수영을 하게 했다. 엄격하게 선발된 참가자들은 평소 수영을 즐겨하며 물을 두려워하지 않는 사람들이었다. 연구자들은 참가자들이 수영을 할 때 수영장에 돌고래가 있거나 없는 경우에 따라 수영 전후에 긴장 정도 등을 비롯해 생리적·심리적 상태를 조사했다.

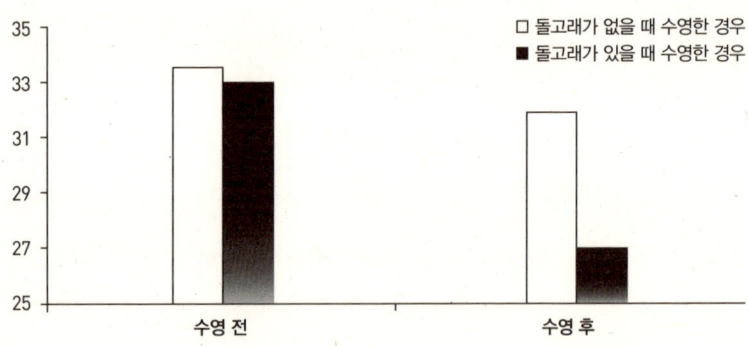

조사 결과 수영만 하는 것은 참가자의 심리 상태에 별다른 영향을 끼치지 않았지만 돌고래가 있는 곳에서의 수영은 사람들의 긴장을 완화시켜 주었다. 돌고래의 존재가 참가자들의 심리적·정신적 안정에 상당한 영향을 끼친 것이다.

그런데 여러 실험 과정에서 연구자들은 특별한 점을 발견했다. 돌고래는 사람과 상호작용도 잘 했지만 도움을 필요로 하는 사람을 어떻게 알고 그들에게 보다 자주 다가갔다. 그야말로 영혼의 치료사 역할을 하고 있었던 것이다.

브렌싱과 링크(2003)는 바다가 아닌 정해진 공간에서 살지만 돌고래 치료 훈련을 받지 않은 돌고래를 자폐증, 간질, 경련성 마비, 운동실조, 모세혈관 확장 등 다양한 신체적·정신적 장애를 가진 아이들과 함께 수영하도록 했다. 수영장에는 장애가 전혀 없는 어른과 아이들도 있었다. 그런 다음 돌고래와 사람 사이의 거리와 접촉 빈도, 지속 시간 등을 촬영했다. 돌고래는 총 5마리였다.

관찰 결과 돌고래와 아이 사이의 평균 거리가 돌고래와 어른 사이의 평균 거리보다 짧았고, 특히 장애 아동일 때 거리가 가장 짧았다. 또한 돌고래의 수영 속도를 계산하자 놀라운 현상이 확인되었다. 돌고래가 아이들의 수영 속도, 특히 장애 아동의 수영 속도에 맞춰 수영하고 있었다. 돌고래는 장애 아동과의 접촉 빈도가 가장 높았고, 접촉 시간 역시 장애 아동과 가장 길었다.

돌고래는 아이와 어른 그리고 아픈 사람과 건강한 사람을 잘 구분했다. 연구진은 돌고래는 천성적으로 도움을 주기를 좋아하는 동물이라고 주저 없이 말했다. 이 연구 결과는 명의의 잠재력을 갖춘 돌고래를 파악하는 데 큰 도움이 될 것이다.

결론

이러니 인간들이 돌고래에게 마음을 뺏기는 것이 당연하지 않겠는가. 돌고래 치료는 이미 유의미한 성과를 거두고 있다. 게다가 몇몇 돌고래는 치료사가 될 자질을 더 많이 갖추고 있다. 물에서의 활동 자체가 신체적·정신적 문제를 갖고 있는 사람들에게 도움을 주는데 천성적으로 치료사 기질이 있는 돌고래의 치료까지 더해진다면 치료는 더 좋은 효과를 얻을 수 있을 것이다. 하지만 돌고래 치료의 비용이 비싼 것은 접근을 막는 이유가 되기도 한다.

물론 돌고래라는 존재만으로 이 결과를 모두 설명할 수는 없다. 현재 돌고래의 특별한 진동이 인간의 촉각을 자극한다는 생리학 연구와 돌고래의 소리가 인간의 심리, 신경, 면역반응을 활성화시킨다는 청각 연구들이 이어지고 있다. 물론 돌고래가 인간과 같은 언어 규칙을 가지고 있다는 등의 연구들은 아직 가설 단계지만 돌고래와 인간 사이의 상호작용을 둘러싼 신비를 생각하면 이 주제는 분명히 노력을 쏟을 만한 가치가 있을 것이다.

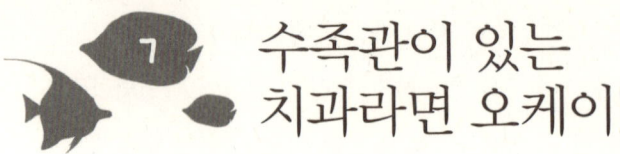

7 수족관이 있는 치과라면 오케이!
수족관의 물고기가 사람들의 스트레스에 끼치는 영향

치과 대기실에서 수족관 속의 작은 물고기 떼를 본 적이 있는가? 유유히 오가는 물고기 떼와 환한 불빛, 아기자기한 수족관 장식, 통풍기에서 퐁퐁 솟아나는 물소리는 마음을 편안하게 해준다. 이런 것이 하찮아 보이지만 연구 결과 수족관의 기능은 장식적인 측면을 넘어선다.

사람들이 가장 두려워하는 장소 중 하나가 바로 치과다. 특히 이를 뽑아야 하는 날에는 더더욱 그렇다. 어떻게 하면 이런 환자의 불안을 진정시킬 수 있을까? 캐처 등(1984)은 수족관이 환자의 긴장 완화, 불안 감소에 영향을 끼쳐 예정된 발치 치료가 용이할지 궁금했다.

이를 뽑으러 치과에 온 사람들은 각기 다른 방으로 안내를 받았다. 한쪽 방에는 멋진 풍경 사진이, 다른 방에는 수족관이 설치되어 있었다. 연구자들은 환자의 심장박동수와 혈압을 주기적으로 측정하고, 환자가 얼마나 편하게 느끼는지 물었다. 대기실을 나가 치료실로 가는 환자의 긴장도도 체크하고, 의사의 지시와 요청에 협조를 잘 하는지도 알아보았다.

연구 결과 생리학적인 면에서 수족관을 설치한 방에 있던 환자의 심장박동수와 혈압이 감소했고, 심리적으로 풍경 사진이 걸려 있는 방에 있던 사람들보다 편안함을 더 많이 느꼈다. 또한 수족관 대기실에서 나와 치료실로 향하는 사람들이 풍경 사진 방에서 나온 사람보다 더 편안해 보였다. 의사들도 수족관 대기실에서 온 환자들이 치료 시간 동안 지시 사항을 더 잘 따랐다고 판단했다.

환자가 수족관이 있는 대기실에서 머문 시간은 40분 정도였는데 이 시간 동안 자신도 모르게 스트레스가 감소되는 현상이 나타난 것이다. 그런데 수족관은 스트레스를 받는 상황에서 사람들의 스트레스를 줄이는 역할도 하지만 일상적인 상황에서도 긍정적인 영향을 끼친다.

에드워즈와 벡(2003)은 알츠하이머를 앓는 노인들의 음식 섭취에 수족관이 끼치는 영향을 테스트했다. 실험에 참여한 사람들은 평균 연령 82.2세에 치매 정도가 높은 남녀 노인들이었다. 연구진은 참가 노인들을 다양한 빛깔의 활기 넘치는 작은 물고기 떼가 보이는 수족관을 들여 놓은 식당에서 식사를 하게 한 후 음식 섭취량을 조사했다. 측정은 수족관 설치 2주 전, 설치한 뒤 2주 동안 그리고 철거한 뒤 2주 후에 이루어졌다. 참여자들의 몸무게 변화도 측정했다.

환자가 하루에 섭취한 음식량(그램)

수족관 설치 전	수족관 설치 기간 중	수족관 철거 후
1,477.8	1,762.4	1,886.6

수족관을 설치한 후 음식 섭취량이 증가했으며 시간이 지나도 효과는 지속되는 것이 확인되었다. 또한 음식 섭취량이 증가하면서 환자들의 몸무게도 늘었다.

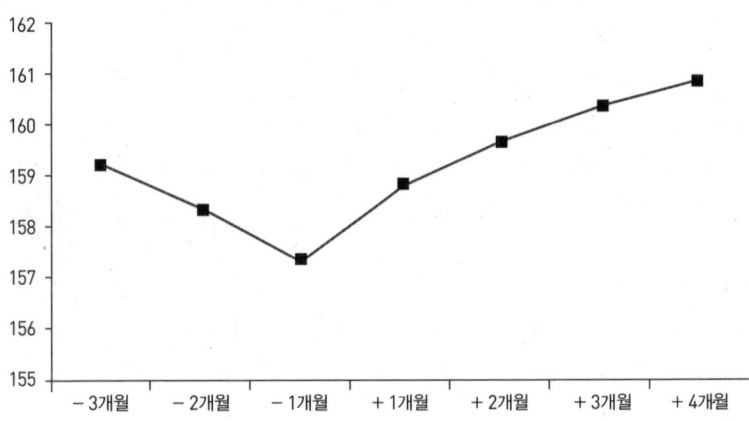

수족관 설치 전후 참가자의 몸무게 변화(파운드)

환자들의 몸무게가 현저하게 증가한 것을 볼 수 있는데 이는 알츠하이머를 앓고 있는 환자들에게 매우 중요한 변화다. 몸무게의 증가는 건강의 호신호이기 때문이다. 또한 수족관을 치운 후에도 효과가 여전히 지속된 것은 수족관이 있는 환경에 익숙해져 환경이 바뀐다고 한 번 발생한 효과가 사라지지 않음을 증명했다.

그렇다면 어떤 이유로 수족관이 이런 변화를 이끌어 낸 것일까?

환자들을 관찰한 결과 두 가지 변화된 행동이 확인되었다. 우선 수족관이 설치된 후 환자들이 식탁에 앉아 있는 시간이 길어졌다. 식탁에 앉아 있는 시간이 길어지면서 당연히 섭취하는 음식의 양도 늘었다. 또한 음식을 먹는 속도도 빨라졌다. 접시의 음식을 입에 넣는 속도, 씹는 속도 등이 빨라진 것이다. 수족관을 바라보면서 나타난 변화다.

이 연구가 수족관이 인간의 1차적인 욕구인 식욕에 미치는 긍정적인 효과를 보여 준다면 데슈리버와 리디크(1990)는 인간의 심리에 끼치는 영향을 연구했다. 연구진은 평균 연령 73세의 양로원 노인 중 한 집단에게는 다양한 색깔의 작은 열대어 떼가 들어 있는 수족관을 보여 주고, 다른 집단에게는 편안한 내용의 짧은 영화를 보여 주었다. 영화를 보여 주거나 수족관을 보여 주는 단계를 전후해 심장박동수와 체온, 근육 긴장 정도 등의 생리학적 변수를 측정했다.

실험 결과 수족관을 본 노인들은 근육 긴장 정도가 줄어드는 등 근육이 많이 이완되었고 긴장도도 많이 떨어졌다. 이번 연구는 스트레스를 거의 받지 않는 상황에서 이루어졌는데 이 정도로 긍정적인 효과가 나타난다면 스트레스를 많이 받는 상황에서는 얼마나 효과가 좋을지 짐작할 수 있다.

'전기 충격 요법'으로 일반인에게 알려진 전기 경련 치료는 정신장애나 행동장애를 치료하기 위해 전기를 사용하는 치료법이다. 그런데 이 치료 방법에 대한 잘못된 인식과 부정적인 이미지로 인해 환자들은 이 치료가 스트레스를 많이 주는 방법이라고 알고 있다. 그래서 이런 편견을 해소하고 치료 스트레스를 줄이기 위해 바커 등(2003)은 전기 경련 치료실에 80리터 용량의 수족관을 설치했다. 연구진은 다양한 빛깔의 열대어로 수족관을 채운 후 환자의 혈압, 심장박동수, 두려움, 불안, 우울 정도를 측정했다.

그 결과 환자들은 수족관을 설치한 치료실에 있을 때 혈압과 심장박동수가 현저하게 감소했다. 또한 두려움과 불안도 덜 느꼈고, 우울 정도도 더 낮았다. 연구자들은 수족관이 환자들의 마음을 평온하게 해 준 것으로 파악했다. 수족관 안은 모든 것이 고요하고, 소음도 없으며, 물고기들이 느릿느릿 유유히 유영하기 때문이다. 뿐만 아니라 수족관에 집중하느라 앞으로 닥칠지도 모르는 상황을 잊기도 한다.

그런데 같은 상황에서 바커 등(2003)의 개를 활용한 실험에서도 수족관 실험에서 얻은 결과와 동일한 결과가 나왔다. 열대어와 개가 치료를 기다리는 사람들에게 같은 효과를 발휘한다니 흥미로운 일이다.

치료와 관련된 경우 외에도 수족관을 설치하면 사람들이 보다 이타적으로 행동한다는 것을 확인할 수 있었다(Guéguen & Grand-George, 제출 중). 연구진은 대기실처럼 꾸며놓은 방으로 대학생들을 데려간 후 방에 혼자 두었다. 한 방에는 낮은 가구 위에 수족관이 있고, 다른 방에는 낮은 가구 위에 꽃다발이 있고, 또 다른 방에는 아무것도 올려져 있지 않은 낮은 가구만 있었다. 연구자들은 실험이 지연되고 있다는 구실을 대고서 학생들에게 조금만 더 머물러 달라고 부탁했다. 12분 후쯤 한 여성이 방으로 들어와 학생에게 인사를 하고 가구에서 작은 상자를 찾은 후 학생 가까이에서 상자를 잘못 잡아 놓친 척했다.

"아, 이런!"

여성은 학생을 바라보지 않은 채 상자 속에서 쏟아진 카드를 줍기 시작했다. 그때 참여자가 도와주는지 그리고 얼마나 빨리 개입하는지를 기록했다. 그 결과 수족관이 있는 곳에서는 참여자의 93퍼센트가 여성을 도와준 반면 꽃이 있을 곳에서는 68퍼센트, 가구 위에 아무것도 없는 방에서는 66퍼센트가 여성을 도왔다. 따라서 수족관으로 인한 안정감과 평온함이 참여자들로 하여금 타인에 대해 더 이타적인 태도를 취하게 한 것으로 보인다.

결론

연구 결과를 보지 않아도 수족관이 사람들의 마음을 평온하게 한다는 것은 많은 사람들이 경험적으로 알고 있다. 다만 연구를 통해 여러 가지 과학적 증거를 얻었을 뿐이다. 따라서 사람들의 긴장을 풀어 주거나 주의를 집중시킬 필요가 있는 곳에는 수족관을 놓는 것만큼 좋은 방법도 없다. 사람들이 많이 드나드는 장소에 수족관이 많이 설치된다면 어떤 효과가 나타날지 상상만 해도 즐겁다.

8장 똑똑한 자녀로 키우는
최고의 유모

고양이털은 자녀 아토피의 주범이고, 개털이 호흡기질환을 일으킨다는 잘못된 정보로 갖은 오명을 쓰고 있지만, 반려동물은 아이를 똑똑하고 건강하게 키우는 데 큰 역할을 한다. 신체 건강은 물론이고 타인과 상호작용하는 방법을 배우는 데에도 반려동물만한 교사가 없다.

아기가 생겼으니 개·고양이는 버릴까?
반려동물이 아이의 성장 발달에 끼치는 영향

반려동물과 함께 사는 것이 아이의 성장 발달에 도움이 될까? 임신했으니 함께 살던 개, 고양이를 없앨까? 개에게 물리거나 고양이털 알레르기 같은 것을 제외하면 아기는 반려동물과 자라는 것이 좋을까? 나쁠까? 고민하지 말라. 여러 연구를 통해 여러 의문에 대한 해답은 벌써 나와 있다.

1996년 캔자스 대학교의 포레스키 교수는 가정 환경, 반려동물 등 아이들의 성장 발달에 영향을 끼칠 수 있는 다양한 요인을 연구했다. 연구 대상은 3~6세의 아이를 키우는 88가구였는데 그중 절반만 반려동물과 살았다. 연구진은 아이들의 언어 지능, 지각 능력, 공감 능력, 사회적 능력, 지능지수, 운동 능력 등을 조사했고, 가정 환경과 아이와 반려동물 사이의 관계를 평가했다.

그 결과 개·고양이 등 반려동물의 존재는 아이들이 생명을 대하는 태도에 긍정적인 영향을 끼쳤다. 반려동물과 함께 자란 아이들은 동물을 친절하게 대했으며, 반려동물과 함께 자라지 않은 아이들보다 지능지수와 공감 능력이 높았다. 또한 멜슨(1991)의 연구에서도 반려동물에 애정이 깊은 아이들이 다른 아이들의 감정에 공감하는 능력이 크다는 것이 재차 입증되었다.

이처럼 동물에 애정이 있는 아이들이 타인과 공감하는 능력이 컸다. 2006년 댈리와 모튼은 155명의 아동에 대한 연구를 통해 다음과 같은 사실을 입증했다.

- 개·고양이를 좋아하는 아이가 좋아하지 않는 아이보다 공감 능력이 뛰어나다.
- 개·고양이와 함께 사는 아이가 개 또는 고양이하고만 사는 아이나 반려동물과 살지 않는 아이보다 공감 능력이 뛰어나다.
- 반려동물에 깊은 애정을 느끼는 아이가 그렇지 않은 아이보다 공감 능력이 뛰어나다.
- 여자아이가 남자아이보다 공감 능력이 뛰어나다. 하지만 이 사실을 모르는 사람이 어디 있는가!

연구 결과를 보면 대체로 반려동물과 함께 산 아이들이 그렇지 않은 아이들보다 다른 존재의 감정에 공감하는 능력이 뛰어났다. 흥미로운 결과는 반려동물과 상관없이 여자아이가 남자아이보다 공감 능력이 뛰어나다는 사실인데, 사실 이 결과는 연구를 하지 않아도 쉽게 알 수 있다. 지나가는 길고양이에게 돌을 던지거나 발을 구르는 아이는 십중팔구 남자아이니까.

개, 고양이, 햄스터, 금붕어 등 모든 반려동물은 유아기 아기가 애착을 보이는 봉제 인형이나 담요 같은 역할을 한다. 150명이 넘는 유치원생을 대상으로 연구한 결과 반려동물은 유아기 아기들이 만지작거리거나 입에 넣고 쪽쪽 빠는 천 조각처럼 이행 대상^{자주} 이 된다는 사실을 입증했다(Triebenbacher, 1998).

<small>자주 transitional object, 엄마·인형·담요처럼 구순기적 욕망의 대상을 일컫는 심리학 용어 - 편집</small>

아이들은 반려동물을 친구이자 가족의 일원으로 여겼다. 반려동물과 감정적인 교류를 많이 했으며 사랑을 주어야 하는 대상으로 여겼다. 또한 반려동물에게 정서적으로 많이 의지했다. 연구진은 아이들이 반려동물에 대해 쏟는 애정 방식과 이행 대상에 쏟는 애정 방식이 동일함을 알아냈다. 반려동물은 아이들에게 존재 자체로 봉제 인형이나 담요 같은 애착의 대상이 되고 있었다.

아이가 성장하려면 큰 애정이 필요하다. 충분한 애정을 받아야 하고, 애정을 주는 법도 배워야 한다. 그런데 반려동물이 성장기 아이들에게 정서적 안정을 주고, 의지 대상이 되어 주면서 긍정적인 역할을 하고 있는 것이다. 그래서 반려동물이 아이들의 정서적인 성장에 도움이 된다고 말하는 것이다.

아이들 역시 반려동물과 함께 사는 것이 좋다는 것을 안다. 13세 아이 300명 중 개, 고양이, 햄스터를 키우는 것이 자기에게 아무런 도움도 되지 않는다고 말한 아이는 10퍼센트에 불과했다. 나머지 아이들(90퍼센트)은 동물을 통해 몰랐던 것을 알게 되었고, 행복과 평안, 조건 없는 사랑을 느끼게 되었다고 말했다(Kidd A. H. & Kidd R. M., 1985).

결론

반려동물과 함께 사는 일은 성장기 아이들에게 여러 면에서 도움이 된다. 많은 연구를 통해 동물의 존재가 아이의 개인적·사회적·인지적 발달에 유익하다는 사실이 입증되고 있다. 그러니 아기가 태어난 후 이런저런 핑계로 반려동물을 버릴 생각을 했다면 다시 생각해 보길 바란다. 아이가 반려동물과 함께 자라는 일은 얻는 것이 많다.

우리 학교 멍멍이 선생님 짱!
교실에 개가 있을 때의 교육 효과 연구

개, 고양이, 말, 돌고래와의 상호작용이 행동장애를 보이거나 신체적·인지적 장애가 있는 아이들에게 효과가 있다는 것은 이미 널리 알려진 사실이다. 그렇다면 일반 학교와 아이들에게도 동물은 유용한 존재가 될 수 있을까? 일반적으로 학교에는 소동을 피우고, 싸움을 벌이고, 친구에게 폭력을 가하거나 폭력을 당하기도 하고, 교사의 말에 귀를 기울이지 않는 말썽쟁이 아이들이 있다. 전문가들은 동물의 존재가 이런 행동을 하는 학생들에게 영향을 끼치는지 알아보고자 동물들을 데리고 학교로 갔다.

오스트리아의 코트르샬과 오르트바우어(2003)는 초등학교 1학년 반에 개를 데리고 가서 아이들의 행동에 어떤 영향을 미치는지를 연구했다. 이 연구에 참여한 개는 골든리트리버, 허스키, 믹스견으로 친화력이 좋고 친절한 개로 연구를 위해 훈련도 받았다. 개를 데려오기 5개월 전부터 아이들은 개를 어떻게 돌보고 개와 어떤 활동을 할 수 있는지, 개를 어떻게 존중해야 하는지에 대한 교육을 받았다. 개가 매트 위에 엎드려 있을 때는 귀찮게 하면 안 된다는 것도 배웠다.

개는 교실 구석에 매트를 깔고 그 위에 자리를 잡았다. 연구진은 교실 안에서 벌어지는 상황을 촬영한 다음 학생들이 보이는 행동을 분석했다. 학생들이 자리에 앉아 있는지, 돌아다니는지, 교사가 설명할 때 집중하는지, 어떤 물건을 만지는지, 뒤를 돌아보거나 소리 내서 웃는지, 다른 아이들을 놀리거나 때리는지 등 총 25가지 행동을 기록한 표를 만들었다. 연구진은 교실 안에 개가 있는지 없는지에 따라 달라지는 아이들의 행동을 분석했고, 개는 교실에 있을 때 매트 위에 얌전히 엎드려 있거나 잤다.

분석 결과 아이들은 개가 있을 때 혼자 행동하기보다 집단 규율을 따르는 경향을 보였다. 자기 자리에 앉아 있을 때가 많았으며 큰 소리로 떠들지도 않았다. 수업에 더욱 집중하면서 교사의 지시도 더 잘 따랐다. 또한 짓궂게 놀려대기, 혀 내밀기, 때리기, 모욕하기 등 공격성과 관련된 행동 역시 개가 있을 때 줄었다. 특이할 만한 점은 동물의 존재가 행동에 미치는 긍정적인 효과가 일반적으로 여자보다 규율을 덜 따르고 공격적이라고 알려진 남자아이들에게서 더 높게 나타났다는 것이다.

이 연구는 단순히 교실에 동물을 데려오기만 해도 학생들의 행동이 개선된다는 것을 보여 주었다. 신체적·언어적 공격 행위가 줄어들었고, 동시에 집단의 결속이 나타났다. 이는 동물이 학생들의 사회적 행동을 긍정적인 방향으로 강화시킴을 입증했다. 코트르샬의 연구는 개를 교실에 데려온 지 한 달 후에 관찰한 결과인데, 그렇다면 그 후 아이들의 행동이 원래대로 돌아간 것은 아닐까? 그 후에는 개가 있어도 더 이상 효과가 없는 것은 아닐까?

헤르고비치 등(2002)은 일반적인 예상과 달리 동물로 인한 긍정적인 효과는 지속되고 긍정적인 효과도 훨씬 더 다양함을 밝혀냈다. 연구진은 평균 연령 6.5세의 아이들로 이루어진 두 집단을 관찰했다. 한 집단에는 3개월 동안 매일 개를 데려갔고, 다른 집단에는 어떤 동물도 데려가지 않았다. 3개월 후 심리 테스트를 하여 연구를 시작하기 전에 했던 심리 테스트 결과와 비교했다. 타인의 얼굴에 나타나는 감정을 읽는 능력인 사회적 지능, 동물이 고통을 느끼고 의사소통을 한다고 생각하는지에 대한 질문을 통해 동물에 대한 공감도 등을 측정했다. 교사들도 실험 전후 학생들의 사회성과 협동심, 공격성 변화 등을 측정했다.

	교실에 개를 데려온 경우		교실에 개를 데려오지 않은 경우	
	초반부	후반부	초반부	후반부
동물과의 공감	9.5	12.5	10.5	11.1
사회적 지능	7.4	8.5	7.4	7.2
사교성	2.3	1.7	2.1	2.6
협동성	1.96	1.6	1.7	1.6

※ 동물과의 교감과 사회성 지능은 높을수록 높은 점수를, 사교성과 협동성은 높을수록 낮은 점수를 주었다.

교실에 개와 함께 있었던 학생들이 긍정적인 방향으로 변화한 것이 관찰되었다. 특히 동물의 존재는 공감 능력과 사회적 지능에 긍정적인 영향을 끼친다는 사실이 확인되었다. 이는 동물과 함께 있으면서 아이들의 감정 판단과 해석 방식에 변화가 일어났음을 의미한다. 실제로 연구에 참여한 6.5세의 나이에는 상대방이 쓰는 언어로 상대방의 감정을 분석하는 일을 잘 하지 못한다. 다만 울거나 입을 삐쭉대거나 슬픈 표정을 짓는 등 눈에 보이는 상대방의 표정을 통해 해석한다. 그런데 개는 인간의 말을 하지 않기 때문에 개의 기분이 어떤지 알고 싶다면 개를 관찰하는 방법밖에는 없다. 이런 방식을 반복하면서 아이들은 친구의 기분을 판단할 때도 자연스럽게 관찰이라는 방식을 적용하게 된다. 최근의 많은 연구 결과를 통해 관찰은 교육만큼 중요하다는 것이 증명되고 있다.

티센 등(2007)은 교실에 개가 있거나 없는 동안 학생들이 공격적인 행동을 하는지 관찰했다. 연구진은 학생들을 세 집단으로 나누었다. 첫 번째는 생각이나 의견이 다를 때 평화적 해결의 중요성에 대해 놀이, 연습, 상황 분석 등을 통해 사전에 교육을 받은 후 개를 데려온 집단, 두 번째는 사전 교육은 받았지만 개가 없는 집단, 세 번째는 사전 교육 없이 개를 데려온 집단이었다.

연구 결과 세 집단 모두 아이들의 공격성 수준이 감소했지만, 특히 사전 교육을 받은 후 개와 함께 지낸 집단의 공격성이 가장 낮아졌다. 나머지 두 집단은 동일한 감소 수준을 보였다. 이는 개와 함께 생활하기만 해도 의견이 상충될 때 평화롭게 해결하는 교육을 받았을 때와 동일한 효과가 발생했음을 의미한다. 단지 개의 존재만으로도 교육 효과를 톡톡히 본 것이다. 학생들은 동물을 관찰하면서 관계의 중요성과 상대방의 상태를 분석하는 법을 자연스럽게 배우게 되었고, 덕분에 친구들과의 갈등도 줄고 공격성도 줄었다.

결론
학교에 개가 있기만 해도 학생 사이의 관계가 개선되고 공격성이나 폭력적 행동이 감소하는 등 긍정적인 효과가 많았다. 이렇듯 동물의 존재가 끼치는 교육적 효과는 동물의 상태를 알기 위해 유심히 관찰한 후 연역적으로 추론하는 과정에서 얻게 되는 것으로 보인다. 동물의 존재만으로도 이런 큰 효과가 있으니 교육 현장에서 체계적으로 적용해 보면 좋을 것 같다. 많은 교육 현장에서 아이들이 동물을 돌보고 보살피면서 생기는 긍정적인 효과를 상상만 해도 즐겁지 않은가.

고양이가 성적을 올린다고?
동물이 초등학생의 학습 능력과 인지 능력에 미치는 영향 연구

개의 존재가 학생들의 관계 형성과 부정적 행동 감소에 영향을 미친다는 것은 많은 연구를 통해 확인되었다. 그렇다면 동물이 학습 능력과 인지 능력에도 영향을 미칠까? 오스트리아의 헤르고비치 등(2002)은 학업 수준과 학습 능력이 동일한 초등학교 1학년 두 반을 대상으로 연구를 진행했다.

연구진은 한 반에는 3개월 동안 매일 개를 데리고 갔고, 다른 한 반에는 어떤 동물도 데려가지 않았다. 연구진은 동물의 존재가 인지 능력의 발달에 미치는 효과를 판단하기 위해 실험 시작 전과 3개월 후에 테스트를 수행했다. 테스트는 트럭에서 바퀴로 쓰인 두 개의 눈 모양을 찾아내는 것처럼, 복합적인 물체의 표상 속에서 단순한 모양을 찾아내는 영역 구별 측정 테스트였다. 많은 형태 속에서 독립적인 요소를 추출하는 능력은 영역 구별 능력을 입증하며 논리와 공간, 어휘 능력을 평가하는 지표가 된다.

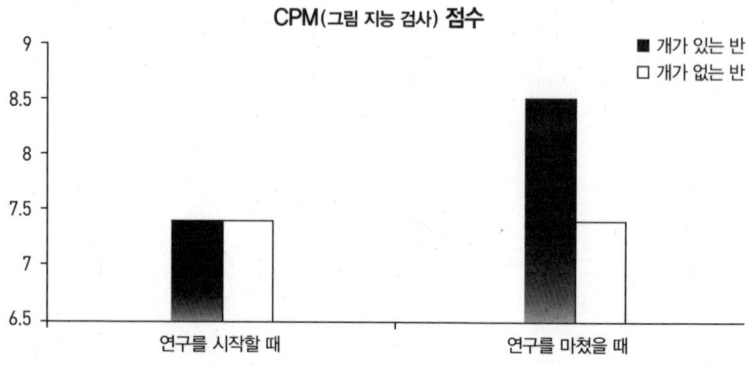

개가 없는 반에서는 3개월 동안 전혀 진전이 없었다. 3개월이라는 짧은 기간에 아이들의 인지 능력이 오르지 않으므로 이는 당연한 결과다. 반면 개가 있는 반의 점수는 향상되었다. 연구진은 언어로 소통할 수 없는 동물이 무엇을 원하는지 알기 위해 아이들이 핥기, 꼬리 흔들기 등 동물의 작은 행동도 주의 깊게 관찰함으로써 하나의 요소에서 일반적인 경향을 추론하는 능력을 얻게 되었다고 보았다.

이 실험에서 개는 아이들의 인지 능력 외에도 집단의 결속을 높여 학업 성적에도 영향을 미쳤다. 모든 반에는 학습 내용을 잘 이해하는 아이들과 그렇지 못한 아이들이 있다. 이때 학교 현장에서는 대부분 교사가 부진한 아이에게 특별한 도움을 제공한다. 하지만 개의 존재로 반 아이들의 결속력이 높아지면 공부를 잘 하는 아이가 못하는 아이를 도우면서 학업 성적을 전체적으로 올린다. 심리학자들은 고양이가 아이들의 이해력과 상호 협력에 미치는 영향을 연구하기 위해 초등학교 3학년 3개 반에 한 배에서 난 3개월 된 아기고양이를 데려갔다(Guéguen & Vion, 제출 중). 아이 네 명이 있는 집에서 사는 아기고양이라 어린이들이 손으로 만지고 안는 것에 이미 익숙했다.

연구진은 아이들에게 고양이를 쓰다듬으면서 고양이에게 어울리는 이름을 찾아보라고 하는 등 고양이와 친해지는 시간을 가지도록 했다. 그렇게 한 시간 동안 고양이와 함께 교실에 있다가 아이들에게 고양이에 관한 짧은 시나 노랫말을 지으라고 한 후 교실을 나왔다. 나오며 글씨나 문법이 틀리면 다른 사람에게 보여 주기 창피하니 틀리지 말고 멋지게 지어 보라고 했다. 다른 3개 반에서도 고양이는 없지만 고양이에 관한 짧은 시나 노랫말을 지으라고 했다. 아이들에게 주어진 시간은 40분으로 똑같았고, 교사는 교실에 남아 아이들을 살폈다.

실험이 끝난 후 아이들이 쓴 글을 교육대학원 졸업반 학생들이 평가했다. 내용 수준과 철자법, 문법을 고려하여 점수를 매겼다. 실험에 동참한 교사는 과제를 수행하는 학생 사이의 협동심 수준을 전반적으로 평가했고, 연구진도 교사, 학생과의 개별 면담을 통해 학생 간 갈등, 학급 분위기 등을 평가했다.

	작문 내용 평가	철자법과 문법 평가	협동심 평가
고양이가 있던 반	8.2	8.8	7.3
고양이가 없던 반	7.4	7.1	5.9

분석 결과 두 집단은 많은 차이를 보였다. 고양이가 있던 반의 작문 내용, 철자법과 문법 수준이 고양이가 없던 반보다 전반적으로 더 높았다. 또한 학생 사이의 협동심도 고양이가 있던 반이 더 높았다.

특히 원래 성적이 나빴던 학생들이 작문 내용이나 철자법, 문법 수준이 월등히 좋아졌는데, 이는 협동심이 높아진 것과 관련이 있었다. 문제를 빨리 푼 우등생들이 다른 아이들을 도와주었기 때문이다. 고양이가 있던 반은 협동심이 좋아지다 보니 학업 성과도 좋게 나왔다. 이 외에도 고양이가 교실에 있으면 학급 분위기가 부드럽고 즐거웠으며 아이들끼리 덜 다투고 덜 떠들었다. 특히 아이들끼리 놀리거나 공격성을 보이는 것이 눈에 띄게 줄어드는 효과가 있었다.

결론

학교에 개나 고양이가 있을 때 학생들의 행동과 몇몇 인지 능력에 긍정적인 효과가 나타났다. 또한 학생 사이의 협동심이 높아져 전반적인 학업 성취 상승으로도 나타났다. 동물과 함께 놀거나 상호작용을 나누지 않아도 동물이 같은 공간에 있는 것만으로도 유익한 영향을 미친다니 교육계는 이를 적극 활용해 보면 어떨까? 경쟁과 폭력이 횡행하는 현재 교육 현실에 적용해도 충분히 실제적인 효과를 얻을 수 있을 것이다. 동물의 존재만으로도 팍팍한 교육 현실이 달라질 수 있다니 멋지지 않은가.

강아지 로봇 아이보
리몬드 등의 실제 개와 강아지 로봇의 학습 효과 차이 연구

강아지 모양을 한 인공지능 로봇 '아이보'에 대해서 들어 봤을 것이다. 프랑스에도 이 로봇을 갖고 있는 가정이 많다. 일본 소니에서 개발한 강아지 로봇 아이보는 개가 지닌 몇몇 인지 능력과 행동 능력을 갖추고 있다. 사람을 알아보고 반가워하며, 쓰다듬어 달라고 다가오는 영특하고 신기한 로봇이다. 물론 지금은 인터넷을 통해 직접 만나지 않고도 친구가 되는 세상이니 아이보의 등장이 특별할 것도 없긴 하다. 그렇다면 사람들은 실제 개와 아이보를 어떻게 생각할까? 대하는 행동이 같을까? 다를까?

리비 등(2008)은 3~6세 아이들에게 아이보와 아이보와 크기가 똑같은 실제 개를 소개했다. 실험에 참가한 아이 중 집에서 개를 키우는 아이는 한 명도 없었고, 고양이나 토끼 등 다른 동물을 키우는 아이는 몇 명 있었다. 연구진은 몇 주에 걸쳐 아이들이 아이보, 실제 개와 상호작용을 하는 모습을 관찰했다. 수주에 걸쳐 이루어진 실험에서 아이가 아이보 또는 개와 만난 첫 1분 동안에 아이 행동이 어떻게 변화하는지를 반복적으로 관찰했다. 실험이 끝난 후 로봇과 실제 개 중 누가 더 좋은지도 물었다.

실험 결과 아이들은 로봇보다 개와 더 많은 상호작용을 했다. 아이가 먼저 만지거나 웃는 반응을 보이는 데는 차이가 없었는데 아이들은 로봇보다는 개를 더 자주 품에 안았다. 뿐만 아니라 선호도에서도 71.4퍼센트의 아이들이 개를 선택했고, 21.4퍼센트는 둘 다 똑같이 좋다고 했으며, 7.2퍼센트만 로봇을 선택했다. 따라서 로봇은 개와 비슷하게 행동하고 능동적인 모습을 보여 주어 최신식 장난감처럼 아이들의 마음을 끄는 매력을 지니고 있지만, 실제 개만큼 흥미를 불러일으키지는 못했다.

사실 동물 모양의 대용품은 로봇만이 아니다. 인형, 장난감, 사진, 동영상 등 동물이 등장하거나 동물 모양의 다른 대용품에 대한 다양한 연구도 많이 수행되었는데 결과는 대부분 같았다. 대용품 중 무엇도 실제 동물과 같은 효과를 볼 수 없었다.

리몬드 등(1997)은 8~12세 다운증후군 아이들을 대상으로 사회적 상호작용을 높이는 치료 작업을 수행했다. 치료실로 반려인이 실제 자신의 개를 데려와서 7분 동안 아이와 함께 있다가 나가고 강아지 인형으로 교체했다. 아이에게는 개가 피곤해 보여서 재우러 간다고 변명했다. 6주 동안 이런 과정이 반복되었다. 이때 반려인은 "무슨 색깔이지?" 등의 질문을 하면서 아이들에게 개와 강아지 인형을 잘 살펴볼 것을 권하기도 하고, 쓰다듬거나 이름을 부르는 등 상호작용을 나눌 수 있도록 도왔다. 연구진은 아이들과 개, 강아지 인형이 상호작용을 나누는 상황을 찍은 동영상을 바탕으로 아이들의 시선, 반응, 행동 등 언어적·비언어적 행동을 평가했다.

	개	강아지 인형
시선이 지속되는 시간(초)	302.5	211.8
비언어적 시도	6.6	6.3
언어적 시도	11.1	2.5
반려인을 향한 비언어적 반응	14.5	5.6
반려인을 향한 언어적 반응	32.5	29.7
반려인을 향한 언어적 시도	10.2	5.6
반려인을 향해 반응하지 않은 경우	5.2	10.6
반려인에 대한 긍정적인 언어 반응	27.2	20.6
반려인에 대한 긍정적인 비언어 반응	1.4	4.4

관찰 결과 아이는 인형보다 실제 개에게 더 많은 주의를 기울이고 더 많은 반응을 보였다. 심지어 개뿐만 아니라 반려인에게도 언어 표현을 더 많이 했다. 진짜 개가 있을 때는 성인과의 언어적 상호작용에서 부정적인 성향도 덜 나타났다. 또한 이런 효과는 6주가 지난 후에도 지속되어서 실제 개를 통한 치료 효과는 사라지지 않음을 입증했다. 실제 동물이 끼치는 이러한 긍정적인 효과는 동물이 지닌 친절함과 긍정적인 상호작용으로 인해 아이들에게 안정감을 주기 때문에 가능한 일이다. 아이들이 상대에 대한 정보를 얻

어 상대를 판단하려면 여러 상호작용이 필요한데 인형과는 불가능하기 때문이다.

살아 있는 동물에 대한 호기심은 동물 대용품의 수를 늘려도 마찬가지였다. 닐슨과 델러드(1989)는 5~6세 아이들에게 새와 토끼, 개, 거미 같은 살아 있는 다양한 동물과 같은 종류의 동물 장난감을 제시했다. 그 결과 아이들에게 접근 행동과 접촉, 언어 표현을 불러일으킨 대상은 살아 있는 동물이었다. 심지어 아이들이 접근을 꺼릴 것 같은 멕시코산 거미마저도 동물 모양 장난감보다 더 많은 접촉을 야기했다. 연구자들은 시간이 지나면서 장난감에 대한 반응은 더욱 감소함을 발견했다. 아이들은 장난감에는 싫증을 내도 진짜 동물에 대해서는 시간이 지날수록 오히려 더 관심을 보였다.

동물 대용품은 심각한 인지장애를 보이는 성인에게도 마찬가지 결과를 보였다. 테일러 등(1993)은 장기 요양소에 머무르는 평균 연령 84세의 치매 여성을 대상으로 연구를 수행했다. 연구진은 치매 노인 한 명에게 진짜 강아지를 보여 준 뒤 강아지의 사진을 보여 주거나 사진을 먼저 보여 준 뒤 강아지를 보여 주었다. 그리고 어떤 기억이 떠오르는지, 강아지에게 어떤 이름이 좋을지, 강아지와 자주 오면 좋을지 등을 물었다. 이때 노인이 강아지와 사진을 얼마나 오랫동안 바라보는지, 어떤 언어 표현을 하는지를 기록했다.

그 결과 치매 노인들은 강아지를 실제로 보여 줄 때 더 오랫동안 쳐다보고, 언어 표현을 더 길게 했다. 사진이 살아 있는 강아지와 동일한 효과를 유발하지 못한 것이다. 이는 동영상도 마찬가지였다. 데슈리버와 리디크(1990)는 양로원에서 생활하는 평균 73세의 노인들에게 열대어 떼가 있는 진짜 수족관을 보여 주거나 실제 수족관을 촬영한 동영상을 보여 주었다. 동영상 촬영은 고도의 기술을 이용해 화면과 음향 등을 최고로 갖추었다.

연구진은 노인들의 몸에서 나타나는 근육 긴장도나 체온, 심장 박동수 등의 변화를 측정했다. 설문지를 통해 노인들이 느낀 긴장 완화 및 스트레스 정도도 평가했다. 분석 결과 노인들은 진짜 수족관 앞에 있을 때 몸이 더 이완되고 스트레스도 덜 느끼는 것으로 나타났다. 아무리 정밀하게 촬영된 영상을 보여 줘도 실제 물고기를 이길 수 없었다. 넓은 벌판 위로 작은 새들이 날아다니는 모습 등의 아무리 멋진 명화도 화분에 심은 화초와 새장의 실제 카나리아보다 한참 못한 것이다.

결론

어린아이나 자신을 둘러싼 환경을 평가하는 인지 능력이 저하된 노인에게도 관심을 불러일으키는 대상은 살아 있는 동물이라는 사실을 확인할 수 있다. 가장 정교하다는 로봇도 사진도 인형도 최고의 기술로 제작된 영상도 실제 동물만큼 관심을 불러일으키지 못했다.

전문가들은 이런 결과가 단지 살아 있는 동물을 보고 느끼는 재미 때문이 아니라 친밀성에 있다고 말한다. 어린아이나 인지 능력이 저하된 사람도 로봇이나 인형은 재미만 주지만 진짜 동물은 훨씬 더 다양한 상호작용이 가능하다는 것을 안다는 것이다. 그러니 단지 즐거움만으로 동물을 입양했다가 이해하지 못할 여러 이유로 버리는 사람은 동물의 진정한 의미를 깨닫지 못한 불쌍한 사람들이다.

개가 너무 무서워요!
반두라와 멘러브의 동물 대체물을 사용한 개 공포증 치료

동물 모형은 사람들에게 실제 동물과 같은 흥미를 불러일으키지 못한다(221쪽 '강아지 로봇 아이보' 참조). 모형은 실제 동물만한 역할을 절대 해내지 못하기 때문이다. 그런데 살아 있는 동물을 무서워하는 사람들에게는 도움이 되기도 한다. 동물에 대한 공포를 치료하기 위해 동물 모형이나 동물 그림 등이 이용된다.

동물 공포증 중에서 가장 흔한 것은 거미 공포증이다. 그리고 의외로 개 공포증이 있는 아이도 꽤 많다. 프랑스에서도 아이 세 명 중 한 명이 개에 대한 두려움을 갖고 있다. 반면 고양이, 새에 대해 두려움을 느끼는 아이는 많지 않고, 금붕어 공포증을 가진 아이는 거의 없다.

역학조사를 통해 반려동물을 키우지 않는 가정에서 자란 아이들에게 개 공포증이 더 많음을 알게 되었다. 부모가 개 공포증이 있으면 아이가 같은 증상을 보일 가능성은 더 높다. 개 공포증은 심하면 문제가 생길 수 있다. 개와 대면했을 때 두려움 때문에 주위를 둘러보지도 않고 길을 건너거나 높은 곳으로 올라가거나 물에 빠지는 등의 행동을 할 수 있기 때문이다. 개에 대한 공포증이 아이에게 부적절하고 위험한 행동을 하게 만드는 것이다. 그래서 치료가 필요하다.

반두라와 멘러브(1968)는 개 공포증을 겪는 3~5세 아이들의 치료를 위해 세 가지 동영상을 보여 주었다. 가장 먼저 어린이와 개 사이에 이루어지는 상호작용에 관한 동영상을 보여 주었다. 내용이 전개될수록 상호작용은 점진적으로 증가해서 마지막에는 아이의 품에 안긴 개가 아이의 얼굴을 핥아 주는 장면이 나온다. 두 번째 동영상은 여러 명의 아이들이 여러 마리의 개와 상호작용을 나누는 내용이었다. 세 번째 동영상은 개와 상관없는 내용이 나오는 만화영화였다.

동영상이나 만화를 보여 주고 한 시간 뒤 실제 동물을 아이에게 보여 주었다. 개는 테리어 종이나 코커스패니얼 등 크지 않은 중소형견이었다. 그런 다음 한 달 뒤에 똑같이 실제 동물을 아이들에게 보여 주었다. 이때 아이의 행동을 분석하고 기호화하여 아이가 개를 피하는 수준을 측정했다. 아이가 소리를 지르고 즉각적으로 스트레스를 보이면 동물과 대면하는 절차를 중단하고 접근 점수를 '0'으로, 아이가 동물을 끌어안으면 높은 점수를 주었다.

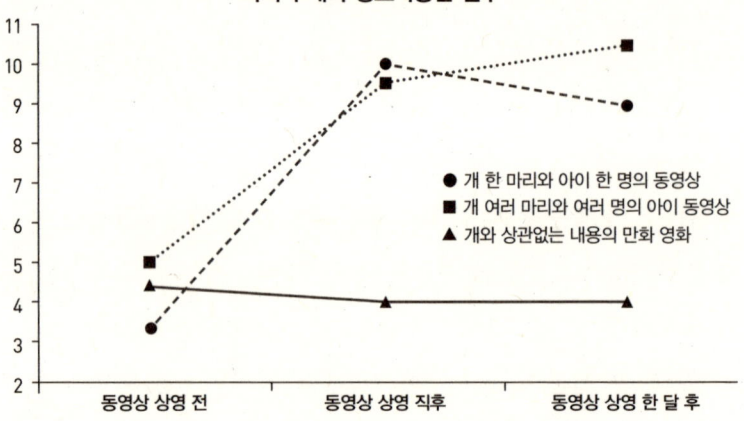

아이가 개와 상호작용한 점수

● 개 한 마리와 아이 한 명의 동영상
■ 개 여러 마리와 여러 명의 아이 동영상
▲ 개와 상관없는 내용의 만화 영화

실험을 통해 개와 상호작용을 나누는 동영상을 본 아이가 이후에 동물을 대하는 행동에 긍정적인 변화를 보인 것을 확인할 수 있었다. 개와 상관없는 만화 영화를 본 아이들의 행동은 변하지 않은 반면 동영상에서 여러 명의 아이와 여러 마리의 개가 상호작용을 나누는 장면을 본 뒤에는 동물에 대한 접근 수준이 훨씬 더 높게 나타났기 때문이다.

따라서 동영상을 통해 동물과 성공적으로 상호작용을 나누는 모습을 보여 주면 개 공포증을 겪는 아이들에게 긍정적인 영향을 끼칠 수 있다는 점을 알 수 있다. 아이가 공포감을 느끼는 대상과 긍정적으로 상호작용하는 이상적인 모습을 보여 주는 이러한 시각적 몰입 방법('대치법'이라고 부른다)은 여기서 매우 효율적인 것으로 드러났다. 따라서 공포증을 겪는 아이에게 동물의 비물질적인 형태가 도움이 될 수 있음이 확인되었다.

필자도 로봇 '아이보'를 이용해서 개 공포증에 대한 연구를 했다. 개를 무서워하는 3~5세 아이들을 대상으로 하는 실험에서 로봇은 중요한 역할을 했다. 20분 동안 진행되는 8회의 치료 과정 동안 아이가 아이보와 함께 노는 등 상호작용을 나누며 친숙해지도록 했다. 아이에게 로봇을 만지거나 쓰다듬고, 로봇의 몸을 구석구석 청소해 보라고 요청하기도 했다. 같은 시각 다른 집단의 아이들은 인간과 닮은 로봇을 대상으로 똑같은 행동을 했다.

이 과정을 마친 뒤 우리는 실제 개를 데려와 방 한구석에 묶어두었다. 아이들이 일반적으로 좋아하는 중간 크기에 중간 길이의 털을 가진 개로 선택했다. 방에는 장난감이 놓인 선반을 여러 개 설치했는데 그중 몇 개는 개에게서 불과 1미터밖에 떨어지지 않은 위치에 두었다. 그런 다음 한쪽 구석에서 아이의 행동을 측정했다.

실험 결과 개 공포증이 있는 아이들이라 방 한구석에 묶인 실제 개를 무서워했지만 집단에 따라 상당한 차이가 나타났다. 아이보와 친숙해진 집단의 아이들은 13퍼센트가 방에서 나갔지만, 그렇지 않은 집단에서는 31퍼센트나 밖으로 나갔다. 또한 아이보와 친해진 집단의 아이들은 개에게서 평균 1.41미터 떨어진 거리에서 장난감을 갖고 논 반면, 다른 집단 아이들은 개로부터 평균 1.96미터 떨어진 거리에서 놀았다. 개를 두렵게 바라보는 빈도와 지속 시간도 아이보 집단이 더 짧았다.

이 연구에 참여한 어떤 아이도 스스로 개에게 다가가 개를 만지거나 쓰다듬지 않고 개에게 말을 걸지도 않았다. 하지만 개와 닮은 모형과 상호작용을 나누는 사전 단계를 거친 아이들의 행동에는 긍정적인 변화가 생겼음을 확인할 수 있었다. 강아지 로봇과의 상호작용이 실제 동물에 대한 두려움을 줄이는 데 효과가 있는 것이다.

결론

공포증 중에서도 개 공포증을 치료하는 일이 가장 어려운 이유는 개가 생쥐나 거미 등 다른 동물보다 일상생활에서 마주칠 가능성이 높기 때문이다. 개 공포증을 순식간에 없애는 것은 쉽지 않지만 가정에서 사용하는 간단한 물건을 공포증 치료의 보완 수단으로 하는 인지 행동 치료(CBT)를 활용하여 아이의 불안과 두려움을 줄일 수는 있다. 동물 로봇, 동영상 등 동물 대용품은 살아 있는 동물만큼 흥미를 유발하지는 않지만 필요한 상황이 있다. 공포증을 겪지 않는 아이에게는 이런 것들이 단지 흥미만 유발할 뿐이지만 공포증을 겪는 아이에게는 치료의 보조 수단이 될 수 있기 때문이다.

유전자변형 고양이가 나왔어요!

저알레르기성 고양이의 출현

임신을 했거나 아기가 있는 집, 아니 일반 가정에서도 고양이는 키우지 않는 편이 낫다고 믿었던 시절이 있었다. 건강에 좋지 않다는 이유에서였다. 아마도 고양이털 알레르기가 무서워서 그랬을 것이다. 이에 대해 연구하려고 의사들은 신생아부터 7세까지의 아이들을 관찰한 후 이런 생각들이 잘못되었으며 오히려 임신했을 때 동물을 키우는 것이 좋다고 밝혔다(Ownby, Johnson & Peterson, 2002). 연구진은 개·고양이 등 두 마리 이상의 반려동물과 함께 생활한 적이 있는 아기 180명과 동물과 접촉한 적이 없는 아기 220명을 따로 관찰했다. 그 결과 첫 번째 집단의 아이들은 두 번째 집단의 아이들보다 알레르기가 생길 위험이 두 배나 더 낮았다.

이는 지나치게 청결한 환경에서 자라는 아이일수록 알레르기 반응을 보일 위험이 높아짐을 증명했다. 집에서 한 마리 이상의 반려동물을 키우면 동물이 어른, 아이와 접촉하며 세균을 옮기기 때문에 알레르기 항원을 비롯한 면역 체계가 강화되는 것이다.

이 연구 결과는 다른 연구를 통해서도 재검증되었다. 헤셀마르 등(1999)은 태어나자마자 반려동물과 함께 사는 아이들은 7~9세에 다른 아이들보다 감기에 덜 걸린다는 것을 밝혀냈다. 또한 이 아이들은 12~13세에 천식에도 덜 걸리는 것으로 나타났다.

물론 이런 연구는 평균치에 기반을 둔 것으로 모든 이에게 적용되는 것은 아니다. 고양이털에 알레르기를 일으키는 사람들이 당연히 존재하기 때문이다. 하지만 알레르기 체질이라고 해서 고양이를 아예 들이지 못하는 것은 아니다. 실제로 고양이털 알레르기가 있는 사람이 고양이를 입양하고 싶을 때 그 바람을 이룰 수 있는 새로운 방법이 등장했다.

미국의 한 연구소는 알레르기를 일으키는 주원인 단백질인 'Fel D1'을 배출하지 않는 고양이를 만들어 냈다. 이를테면 '저알레르기성 고양이'다. 알레르기 반응을 보이는 사람들을 대상으로 한 연구에서 이 고양이들은 아무런 문제를 일으키지 않았다. 현재 이 고양이는 품귀 현상이 날 정도로 입양자가 줄을 서고 있다. 저알레르기성 고양이인 이른바 'GMO 고양이'를 받으려면 2년은 기다려야 한다.

결론

연구 결과 고양이와 건강에 관한 일부 사람들의 선입견이 완전히 잘못되었음을 알 수 있다. 삶의 많은 영역에서 그렇듯 건강에 대해 사람들이 상식이라고 알고 있는 것들이 모두 제대로 된 근거를 갖고 있는 것은 아니다. 또한 고양이털 알레르기가 있을 경우 대안도 생겼으니 잘못된 편견 때문에 고양이 입양을 피하거나 버리지는 말자.

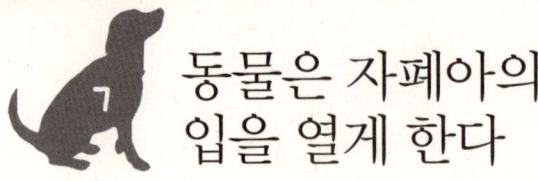

동물은 자폐아의 입을 열게 한다

자폐아 재커리는 개 헨리를 만나고 어떻게 변했나?

자폐증은 200명당 한 명꼴로 발생하는 발달장애다. 자폐증은 남자아이에게서 더 많이 나타나는데 점점 증가하는 추세로 미국에서는 남자아이 94명 중 한 명이 자폐증을 앓는다. 자폐증을 앓는 아이들은 사회적 소통에 어려움을 겪는다. 자신만의 세계에 갇혀 사는 경우가 많고, 반복적인 행동을 하며, 변화를 두려워하는 성향이 있다. 따라서 자폐아들을 고립된 상태에서 꺼내기 위해 동물 매개 치료 등 많은 시도가 이루어지고 있다.

2002년 마틴과 퍼넘은 자폐아들이 개와 함께 있을 때 사회적 상호작용을 많이 한다는 사실을 발견했다. 연구진은 아이들에게 공, 강아지 인형, 살아 있는 개를 각각 제공했다. 그러자 아이들은 공이나 인형보다 개와 함께 있을 때 더 즐거워하고 집중하며 주변 환경을 더 잘 인지했다. 치료사와의 언어 소통도 더 자주, 더 원활하게 이루어졌다.

뉴멕시코 대학교의 제니퍼 바롤(2006)도 동물 매개 치료가 자폐아에게 어떤 영향을 끼치는지, 사회성 개선에 도움이 되는지 알아보았다. 의사소통에 어려움을 겪고 있던 5세 재커리는 자기 생각대로 되지 않거나 남들이 자기를 이해하지 못하면 버럭 화를 내거나 자신의 눈을 가리고 귀를 막는 버릇이 있었다. 다른 아이들과도 어울리지 않고 대화할 때 완전한 문장을 만들지도 못했다.

연구진은 재커리에게 여덟 살짜리 개 헨리를 소개시켜 주고 변화를 관찰했다. 헨리를 만난 후 재커리의 행동은 조금씩 개선되었다. 새로운 경험에 대한 의욕과 자신감이 높아졌고, 호기심도 많아졌으며, 다른 사람들이 무엇을 필요로 하는지 이해하는 능력도 향상되었다. 헨리를 만나면서 재커리에게 새로운 경험과 이해의 세계가 열린 것이다.

카렌치 등(2007)은 3~5세 자폐아 5명을 대상으로 주 1회씩 동물 매개 치료를 실시했다. 아이들에게 개를 보살피고 함께 놀게 했는데, 그 치료만으로도 많은 긍정적인 개선 효과가 나타났다. 아이들의 사회적 상호작용 능력이 향상된 것이다. 아이들은 개와 함께 있을 때면 타인과 상호작용하는 시간이 늘었고, 치료진에 대한 협력도 증가했다.

이런 결과는 8주 동안 타이완의 자폐아 33명을 대상으로 동물 매개 치료를 실시한 예(2007)의 연구를 통해서도 확인되었다. 개가 참여하는 동물 매개 치료를 받은 뒤 아이들은 언어 표현이 향상되었고, 대화 시 발언 빈도가 증가했다. 사람을 대할 때 시선을 피하는 자폐아들이 눈을 맞추는 횟수가 늘었으며 집중력도 늘고, 타인에게 도움을 요청하는 횟수도 증가했다.

레나타 포사티와 안토넬라 타보니(2007)는 심각한 소통 문제를 겪는 한 명의 자폐아를 대상으로 동물 매개 치료를 했다. 아이는 흥분하면 소리를 지르는 과잉 흥분 증상과 자기 손을 물어뜯어 상처를 입히는 행동, 벽에 머리를 찧는 버릇이 있었다. 또 말을 하지 않고 몸짓이나 그림으로 의사소통을 하려고 했다. 연구진은 2년 동안 개와 함께 아이가 자주 가는 놀이터를 찾았고, 이후 3년 동안 초등학교로 주 1회 찾아가 한 시간씩 아이를 만났다. 이렇게 해서 매년 50여 회의 만남이 이루어졌다.

치료견은 여섯 살 바셋하운드와 네 살 사모예드였다. 처음에는 대형견을 무서워할지 모르니 바셋하운드만 데려갔다. 연구진은 아이에게 개를 쓰다듬고 빗질을 하고 먹이와 물을 주는 법을 가르쳤다. 이를 통해 아이가 주위 환경과 관계 맺는 법을 배우기를 바랐다. 시간이 지날수록 아이는 개에게 점점 더 가까이 다가갔으며 개를 더 자주 바라보았다. 하지만 개를 만지다가 개가 쳐다보면 쓰다듬기를 멈추었다.

한 달이 지나자 아이는 의자에 앉아 5~6분 동안 개를 쓰다듬을 정도로 상태가 호전되었다. 아이가 개를 무서워하지 않는다는 것을 확신한 연구진은 두 달 뒤 사모예드를 데려갔다. 아이는 개를 보자마자 환호하며 덥석 껴안았다. 석 달 뒤에는 개를 돌보는 시간이 14분으로 늘어났고, 아이는 개에게 밥과 물을 주는 것도 잘해 나갔다.

시간이 지나자 연구진은 또래 아이들을 초대했다. 처음에는 4명을 초대했고 아이들의 수를 점점 늘렸다. 다른 아이들과 함께 생활하는 법을 가르치기 위해서였다. 시간이 지나자 아이는 다른 아이들처럼 개와 함께 탁자 앞에 앉아 있기도 하고, 다른 아이들이 순서대로 개에게 빗질을 해 주고 간식을 주는 동안 차례를 기다리는 법도 배웠다. 뿐만 아니라 개줄을 하고 연구진과 함께 개를 산책시키는 법도 익혔다.

이런 과정을 통해 아이는 타인과 의사소통을 할 수 있게 되었고, 똑같은 일을 더 오랫동안 하는 인내심을 키웠으며, 부모의 지시에 더 잘 따르게 되었다. 또 주어진 일에 열의를 보였고, 치료 시간에도 더 이상 소란을 피우지 않는 등 여러 영역에서 큰 진전을 보였다. 이런 변화가 소중한 이유는 변화하는 아이의 모습을 보면서 친구들도 이 아이에 대한 믿음이 생기기 때문이다. 이 연구는 자폐아가 또래 집단과 어울릴 수 있는 능력을 키운 것이 가장 큰 소득이었다.

결론

많은 연구를 통해 반려동물과 동물 매개 치료가 자폐증을 앓는 아이들에게 유익한 영향을 끼친다는 것이 확인되었다. 반려동물은 자폐아의 자신감과 문제 해결력, 사회성을 키우고, 무엇보다 또래 사이에서 소외되는 경향을 줄인다. 반려동물과 나누는 상호작용을 통해 친구들과의 상호작용 방법을 배우기 때문이다. '이런 치료에 꼭 개를 이용해야 할까? 사람이 하면 안 될까?' 이런 생각을 하는 사람들이 있을 것이다. 당연히 사람이 하면 안 된다. 사람들은 개보다 다른 존재와 마음을 나누는 능력이 현저히 떨어진다. 인정할 것은 인정해야 한다.

외전 인간도 동물에게 **영향을 끼친다!**

지금까지 동물이 인간에게 미치는 영향을 알아보았는데 인간 역시 동물에게 영향을 끼치는 존재다. 인간의 관심이 동물에게 영향을 끼치고, 조금만 시간을 투자해도 동물과 더 가까워질 수 있다. 인간과 동물이 어떻게 영향을 주고받는지 살펴보자.

젖소에게 이름을!
인간과 젖소의 관계가 우유 생산량에 미치는 영향

할머니는 송아지가 태어날 때마다 이름을 지어 주었다. 마그리트, 벨, 마리-루이즈, 호세 등 똑같은 이름은 하나도 없었다. 귀에 붙인 번호표만 있으면 다 식별할 수 있는데 일일이 이름을 붙이다니 케케묵은 미련한 짓이라고 여기는 사람도 있겠지만 그렇지 않다. 이렇듯 시대에 뒤떨어진 듯 보이는 비효율적인 축산 전통이 축산업자에게 이익을 준다.

캐서린 버텐쇼와 피터 로린슨(2009)은 젖소를 전문적으로 기르는 축산업자 516명에게 설문지를 돌렸다. 연구 목적은 인간과 젖소 사이의 관계가 우유 생산량에 미치는 영향이었다. 사람이 젖소를 쓰다듬거나 말을 걸면 젖소가 좋아하는지, 사람이 요구하는 것을 젖소가 잘 알아듣는지, 젖소가 영리한지, 젖소가 어떤 경우에 말을 잘 듣는지, 우유 생산량이 얼만지, 우유 생산에 영향을 미치는 요인이 무엇인지 등을 측정했다. 또한 젖소에게 특별히 배려를 하는지, 젖소의 이름을 부르는지 등 젖소를 대하는 태도에 대해서도 질문했다.

  분석 결과 젖소에 이름을 붙이고 이름을 부르는 목장의 한 마리당 연간 평균 우유 생산량이 그렇지 않은 목장보다 258리터나 더 많았다. 그런데 더 놀라운 것은 사람이 젖소와 좋은 관계를 맺는 것이 우유 생산량에 좋은 영향을 미친다고 생각한 목장 주인이 거의 없었다는 사실이다. 그저 전통에 따라 관습적으로 동물에게 이름을 붙이고 불러 주던 행동이 생산량 증가로 나타난 것이었다.

빗질의 놀라운 효과
버텐쇼 등의 관심과 공격성에 관한 연구

우리는 반려동물이 아닌 말, 소 등에게도 직접적인 접촉을 통해 관심과 애정을 표현할 수 있다. 동물의 옆구리를 쓰다듬는 등의 관심을 표시하는 행동은 아이의 머리를 쓰다듬어 주는 것과 비슷한 의미다. 버텐쇼 등(2008)은 암소를 쓰다듬으면 어떤 효과가 생기는지 알아보는 연구를 진행했다.

연구진은 암소가 첫 분만을 앞둔 몇 주 동안 말에게 쓰는 솔을 사용하여 암소의 머리와 목, 어깨를 5분 동안 쓸어 주었다. 그러다가 송아지를 낳은 후에 이 행동을 중단했다. 그리고 출산 전 행동에서 사람이 암소에게 다가갈 때 발길질을 하는지, 출산 4주 이후의 우유 생산량이 어떻게 되는지 등을 분석했다.

분석 결과 솔질을 해 준 암소가 그렇지 않은 집단의 암소보다 사람이 다가갈 때 발길질을 덜 하는 것으로 나타났는데, 특히 솔질을 해 준 시간이 길면 길수록 발길질 횟수가 적었다. 또한 솔질을 해 준 암소 집단에서 우유 생산량이 더 높았다.

연구진은 솔질이라는 절차를 통해 암소가 인간을 덜 두려워하게 된 것이 원인이라고 분석했다. 두려움은 발길질 등 동물의 공격성을 높이고, 우유 생산 저하의 주요 요인이 되기 때문이다. 또한 두려움이 줄어들면서 심장박동수가 줄어든다는 사실도 입증했다. 그러니 축산업을 한다면 인간과 동물의 친밀도에 여러 가지 긍정적인 요인이 있음을 알아두면 좋을 것이다.

 돼지를 차에 태웠다면 직진만 하세요

운전 방식과 가축이 받는 스트레스 연구

잘 알다시피 운전도 능력이다. 운전을 수월하게 잘하는 사람의 차에 타면 느긋한 마음에 어느새 두 눈이 스르르 감긴다. 반면 어떤 사람의 차에 타면 조마조마해 당장이라도 내리고 싶어진다. 그런데 동물도 비슷한 느낌을 받는다는 것이 확인되었다. 운전하는 사람에 따라 동물이 받는 스트레스가 다른 것이다. 이러한 이유로 프랑스, 네덜란드 등 몇몇 나라에서는 동물을 운송하는 운전기사는 관련 자격증을 따야 한다.

페터스와 그의 연구진(2008)은 돼지 5마리 정도를 태울 수 있는 소형 트럭에 돼지를 태웠다. 그리고 경험 많은 운전기

사에게 각기 다른 방식으로 운전을 해달라고 요청했다. 때로는 정상적으로, 때로는 거울을 운반하듯 아주 조심스럽게, 때로는 운반할 물건이 실리지 않은 것처럼 험하게, 때로는 속도를 높인 상태에서 급하게 브레이크를 밟는 식으로 운전을 해달라는 요청이었다. 이때 트럭에 탄 돼지의 심장박동수와 급성 스트레스 때 분비되는 호르몬인 코르티솔 분비량 등을 측정하고, 설치된 카메라를 통해 동물이 어떻게 행동하는지를 촬영했다.

실험 결과는 흥미로웠다. 예상과 달리 조금 난폭하게 운전할 때 돼지의 코르티솔 분비가 오히려 감소했고, 심장박동수는 정상적으로 운전할 때와 동일했다. 또한 운전을 살살 할 때에는 심장박동수는 감소했으나 코르티솔 분비는 증가했다. 일반적인 예측과 빗나간 부분이 많았다.

그런데 흥미로운 점은 동일한 방식으로 운전을 해도 직진할 때와 코너를 돌 때 돼지의 반응이 달랐다는 것이다. 돼지들은 차가 커브를 돌 때 나타나는 한쪽으로 쏠리는 현상에서 가장 강한 스트레스를 받았다. 따라서 동물을 옮길 때 스트레스를 줄이려면 운전 방식보다는 커브 길에서 한 쪽으로 쏠리는 현상을 줄이는 것에 더 신경을 써야 할 것이다.

코카콜라 광고에 나온 치와와 주세요

헤르초크의 견종 선택의 유행에 관한 연구

유행은 자동차, 옷, 휴가지 선택 등 물건이나 소비 성향, 아이들의 이름 짓기, 스포츠 활동 등 행동에도 영향을 끼친다. 마찬가지로 성적 행동, 자살 등 개인적이며 문제적인 행동에도 '사회적 전염' 효과가 있다. 진화에서 물려받은 이 메커니즘은 자동 현상에 의해 의식하지 못한 채 다른 사람들을 따라 행동하도록 이끈다.

실제로 반려동물을 선택할 때도 유행이 영향을 끼친다. 선호하는 견종이 세월에 따라 달라지는 것만 보아도 알 수 있다. 헤르초크(2006)는 1948년부터 미국에서 입양된 약 4900만 마리의 강아지 등록 자료를 검토하여 견종별 선호 주기에 대해 연구했는데, 그 결과 견종에 대한 선호 주기는 동일하게 나타났다.

사람들이 유행에 따라 특정 견종을 선호하면 그 견종의 개체수가 늘어난다. 수십 년에 걸쳐 평균적이었던 개체수가 갑자기 대폭 증가하여 때로는 20배까지 늘어나기도 했다. 그러다가 유행 효과가 떨어지면 관심이 급속히 줄어 유행하기 전과 똑같은 개체수로 되돌아간다.

또한 견종 유행에 미디어가 끼치는 영향에 대해서도 분석했다. 예를 들어 영화 〈101마리 달마시안〉이 재방영된 1985년에는 달마시안의 개체수가 1년 만에 8,170마리에서 4만 2,816마리로 5배나 증가한 것을 확인했다. 이처럼 특정 견종이 나오는 흥행 영화, 콜리 종이 주인공인 텔레비전 시리즈물 〈래시〉, 치와와가 등장한 코카콜라 TV 광고 방영 후에도 동일한 효과가 나타났다.

동물도 외모가 중요하군

포스터 속 동물 외모가 동물보호단체 기금 모금에 끼치는 영향

미적 판단 능력은 인간이 가진 훌륭한 자질 중 하나임에는 분명하지만 이런 능력이 동물을 판단할 때도 영향을 끼친다. 특히 우리가 동물에 기울이는 관심에도 영향을 끼치는데 군도르스도티르(2001)는 이에 관해 연구했다. 연구진은 참가자들에게 동물보호단체에서 만든 포스터를 보여 주었다. 포스터는 자이르의 삼림 파괴가 몇몇 종의 생존에 끼치는 영향에 대해 고발하는 것이었다.

연구진은 참가자들에게 호소하는 내용은 같지만 디자인이 다른 세 장의 포스터를 보여 주었다. 포스터에는 산림 벌채로 생존이 위협받는 동물 사진이 실려 있었는데, 귀엽고 잘생긴 원숭이와 박쥐 사진이 실린 포스터, 외모가 떨어지는 원숭이와 박쥐 사진이 실린 포스터, 동물 사진이 실리지 않은 포스터였다.

  연구진은 참가자들에게 포스터를 보여 준 뒤 멸종 위기종의 서식지보호운동을 하는 재단에 기부한다면 어느 곳에 어느 정도 기부하겠는지를 물었다. 그 결과 매력적인 원숭이와 박쥐가 실린 포스터가 가장 많은 기부금을 모았고, 덜 매력적인 동물이 실린 포스터와 아예 동물이 실리지 않은 포스터는 동일한 기부금을 모았다. 실험을 통해 사람들은 누구나 기꺼이 동물보호를 위해 기부할 마음이 있지만 특히 귀여운 동물을 보호한다고 생각하면 그 마음이 더 커짐을 알 수 있었다.

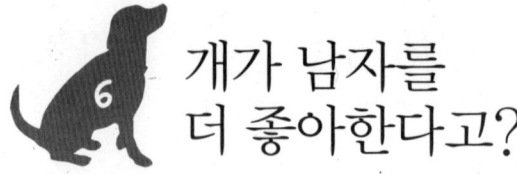

개가 남자를 더 좋아한다고?

웰스와 헤퍼의 동물의 남녀 선호도에 관한 연구

부부 모임에 가면 남자는 남자끼리 모여 축구 이야기를 하고, 여자는 여자끼리 뭉쳐 아이들 이야기를 하는 경우가 많다. 이는 동성 간의 친화력 때문이다. 그렇다면 동물과 사람 사이에도 성별에 따른 친화력이 작용할까?

웰스와 헤퍼(1999)는 동물보호소에 성인 남녀를 데려가서 여느 방문객처럼 우리 앞에 한 명씩 서 있도록 했다. 연구진은 참가자가 도착하기 전, 두 사람이 개를 마주 보고 서 있는 2분, 두 사람이 떠나고 난 후의 개의 행동을 카메라에 담아 분석했다. 개가 사람을 반가워하는지, 얼마 동안 그렇게 하는지, 사람을 쳐다보는지, 관심을 끌기 위해 낑낑대는 소리를 내는지 등을 측정했다.

　분석 결과 개는 일반적으로 여자보다 남자를 더 반가워하고, 더 자주 쳐다보는 것으로 밝혀졌다. 그런데 개의 성별에 따라 미묘한 차이가 나타났는데 수컷은 여자보다 남자를 더 반가워하고 더 많이 쳐다본 반면 암컷은 별 차이를 보이지 않았다. 하지만 다른 연구를 보면 같은 공간에 있는 개와 사람의 행동을 분석했을 때 암컷은 여자보다 남자에게 더 자주 다가가 접촉하고, 수컷은 남자와 여자 사이에 차이를 보이지 않았다.

　두 연구 결과를 종합하면 어루만지고 쓰다듬어 주길 바라는 암컷은 남자에게 다가가고, 반갑게 맞아주길 바라는 수컷은 남자에게 다가간다는 것이다. 이래저래 첫 만남에서 개는 여자보다 남자에게 더 호기심을 느낀다니 여자로서는 서운한 결과다.

참고문헌

1장

1

American Pet Products Manufacturers Association (2005). *2005/2006 National Per Owners Survey*, 10th edition, Byrum, CT, APPMA.

Beggan J. K. (1992). "On the social nature of nonsocial perception : The mere ownership effect", *Journal of Personality and Social Psychology*, 62, 229-237.

Brown J. (1986). "Evaluations of self and others : Self-enhancement biases in social judgements", *Social Cognition*, 4, 353-376.

Cialdini R. B., Borden R. J., Thorne A., Walker M. R., Freeman S. & Sloan L. R. (1976). "Basking in reflected glory : Three (football) field studies", *Journal of Personality and Social Psychology*, 34, 366-375.

Dayton Business Journal. (2002). "Many pet owners' paws on million-dollar matter", http://www.bizjournals.com/dayton/stories/2002/01/28/tidbits.html, source Internet.

El-Alayli A., Lystad A. L., Webb S. R., Hollingsworth S. L. & Ciolli J. L. (2006). "Reigning cats and dogs : a pet-enhancement bias and its link to pet attachment, pet-self similarity, self-enhancement and well-being", *Basic and Applied Social Psychology*, 28, 131-143.

Nesselroade Jr. K. P., Beggan J. K. & Allison S. T. (1999). "Possession enhancement in an interpersonal context : An extension of the mere ownership effect", *Psychology and Marketing*, 16, 21-34.

2

Durdan C. A., Reeder G. D. & Hecht P. R. (1985). "Litter in a university cafeteria. Demographic data and the use of prompts as an intervention strategy", *Environment and Behaviour*, 17, 387-404.

Franzen A. & Meyer R. (2004). "Climate change in environmental attitudes? An analysis of the ISSP 2000", *Zeitschrift für Soziologie*, 33, 119-137.

Mohai P. (1992). "Men, women, and the environment—An examination of the gender-gap in environmental concern and activism", *Society and Natural Resources*, 5, 1-19.

O'Lorcain P. (1994). "Prevalence of toxocara canis ova in public playgrounds in the Dublin area of Ireland", *Journal of Helminthology*, 68, 237-241.

Wells D. L. (2006). "Factors influencing owners' reactions to their dogs' fouling", *Environment and Behaviour*, 38, 707-714.

Yilmaz O., Boone W. J. & Anderson H. O. (2004). "Views of elementary and middle school Turkish students toward environmental issues", *International Journal of Science Education*, 26, 1527-1546.

3

Haidt J., Koller S. H. & Dias M. G. (1993). "Affect, culture and morality, or is it wrong to eat your dog?", *Journal of Personality and Social Psychology*, 65, 613-628.

4

Guéguen N. & Ciccotti S. (2008). "Domestic dogs as facilitators in social interaction : An evaluation of helping and courtship behaviors", *Anthrozoös*, 21, 339-349.

5

Budge R. C., Spicer J., Saint George R. & Jones B. R. (1997). "Compatibility stereotypes of people and pets : A photograph matching study", *Anthrozoös*, 10, 37-46.

Elliot A. J. & Niesta D. (2008). "Romantic red : Red enhances men's attraction to women", *Journal of Personality and Social Psychology*, 95, 1150-1164.

Green P. & Giles H. (1973). "Reactions to a stranger as a function of dress style : The tie", *Perceptual and Motor Skills*, 37, 676.

Kenny C. & Fletcher D. (1973). "Effects of beardedness on personal perception", *Perception and Motor Skills*, 37, 413-414.

Mae L., McMorris L. E. & Hendry J. L. (2004). "Spontaneous trait transference from dogs to owners", *Anthrozoös*, 17, 225-243.

6

Abel E. L. & Kruger M. L. (2007). "Gender related naming practices : Similarities and differences between people and their dogs", *Sex Roles*, 57, 15-19.

Barry H. & Harper A. S. (2000). "Three last letters identify most female first names", *Psychological Reports*, 87, 48-54.

Harris D. (1998). "Pet names and passwords", *Southwest Review*, 83, 144-157.

Whissell C. (2006). "Emotion in the sounds of pets names", *Perceptual and Motor Skills*, 102, 121-124.

7

Wells M. M. (2000). "Office clutter or meaningful personal displays : The role of office personalization in employee and organizational well-being", *Journal of Environmental Psychology*, 20, 239-255.

Wells M. & Perrine R. (2001). "Critters in the cube farm : perceived psychological and organizational effects of pets in the workplace", *Journal of Occupational Health Psychology*, 6, 81-87.

2장

1

Baldry A. C. (2003). "Animal abuse and exposure to interparental violence in Italian youth", *Journal of Interpersonal Violence*, 18, 258-281.

Dadds M. R., Whiting C. & Hawes D. J. (2006). "Associations among cruelty to animals, family conflict, and psychopathic traits in childhood", *Journal of Interpersonal Violence*, 21, 411-429.

Hensley C. & Tallichet S. E. (2009a), "Childhood and adolescent animal cruelty methods and their possible link to adult violent crimes", *Journal of Interpersonal Violence*, 24, 147-158.

Hensley C. & Tallichet S. E. (2009b), "The effect of inmates' self-reported childhood and adolescent animal cruelty : Motivations on the number of convictions for adult violent interpersonal crimes", *International Journal of Offender Therapy and Comparative Criminology*, 52, 175-184.

Kellert S. & Felthous A. (1985). "Childhood cruelty toward animals among criminals and noncriminals", *Human Relations*, 38, 113-139.

Merz-Perez L., Heide K. M. & Silverman I. J. (2001). "Childhood cruelty to animals and subsequent violence against humans", *International Journal of Offender Therapy and Comparative Criminology*, 45, 556-573.

Ressler R. K., Burgess A. W., Hartman C. R., Douglas J. E. & McCormak A. (1998), "Murderers who rape and mutilate", in R. Lockwood & F. A. Ascione (eds.), *Cruelty to Animals and Interpersonal Violence*, West Lafayette, IN, Purdue University Press., 179-193.

Rigdon J. D & Tapia F. (1977). "Children who are cruel to animals : A follow-up study", *Journal of Interpersonal Violence*, 1, 273-287.

Tallichet S. F. & Hensley C. (2009). "The social and emotional context of childhood and adolescent animal cruelty. Is there a link to adult interpersonal crimes?", *International Journal of Offender Therapy and Comparative Criminolog*, 53(5), 596-606.

Tallichet S. F. & Hensley C. (2005). "Rural and urban differences in the commission of animal cruelty", *International Journal of Offender Therapy and Comparative Criminology*, 49, 711-726.

Tallichet S. F. & Hensley C. (2004). "Exploring the link between recurrent acts of childhood and adolescent animal cruelty and subsequent violent crime", *Criminal Justice Review*, 29, 304-316.

Verlinden S. (2000). "Risk factors in school shootings", 미발표 박사학위논문, Forest Grove, OR, Pacific University.

Wright J. & Tallichet C. (2003). "From animal cruelty to serial murder : Applying the graduation hypothesis", *International Journal of Offender Therapy and Comparative Criminology*, 47(1), 71-88.

2

Ascione, F. R. (1994). "Children who are cruel to animals : A review of research and implications for deveopmental psychopathology", *Anthrozoös*, 6, 226-247.

DeGue S. & DiLillo D. (2009). "Is animal cruelty a "red flag" for family violence? Investigating co-occuring violence toward children, partners and pets", *Journal of Interpersonal Violence*, 24(9), 1036-1056.

Faver C. A. & Strand E. B. (2003). "To leave or to stay? Battered women's concern for vulnerable pets", *Journal of Interpersonal Violence*, 18, 1367-1377.

Flynn C. P. (2000). "Woman's best friend. Pet abuse and the role of companion animals in the lives of battered women", *Violence Against Women*, 6, 162-177.

Kogan L. R., McConnell S., Schoenfeld-Tacher R. & Jansen-Lock P. (2004). "Cross-trails. A unique foster program to provide safety for pets of women in safehouses", *Violence Against Women*, 10, 418-434.

Simmons C. A. & Lehmann P. (2007). "Exploring the link betwwen pet abuse and controlling behaviors in violent relationships", *Journal of Interpersonal Violence*, 22, 1211-1222.

Volant A. M., Johnson J. A., Gullone E. & Coleman G. J. (2008). "The relationship between domestic violence and animal abuse : An Australian study", *Journal of Interpersonal Violence*, 23, 1277-1295.

3

Coker A. L., Watkins K. W., Smith P. H. & Brandt H. M. (2003). "Social support reduces the impact of partner violence on health : Application of structural equation models", *Preventive Medicine*, 37, 259-267.

Debra H., Kemball R., Rhodes K. & Kaslow N. (2006). "Intimate partner violence and mental health symptoms in African American female ED patients", *American Journal of Emergency Medicine*, 24, 444-450.

Fitzgerald A. J. (2007). "They gave me a reason to live : the protective effects of companion animals on the suicidality of abused women", *Humanity & Society*, 31, 355-378.

Golding J. (1999). "Intimate partner violence as a risk factor for mental disorders : a meta-analysis", *Journal of Family Violence*, 14, 99-132.

Renzetti C. M. (1992). *Violent Betrayal : Partner Abuse in Lesbian Relationships*, Thousand Oaks, CA, Sage Publications.

4

Avner J. R. & Baker M. D. (1991). "Dog bites in urban children", *Pediatrics*, 88, 55-57

Chapman S., Cornwall J., Righetti J. & Sung L. (2000). "Preventing dog bites in children : randomized controlled trial of an educational intervention", *British Medical Journal*, 320, 1512-1513.

Chun Y., Berkelhamer J. & Herold T. (1982). "Dog bites in children less than four years old", *Pediatrics*, 69, 119.

Feldman K. A., Trent R. & Jay M. T. (2004). "Epidemiology of hospitalizations due to dog bites in California, 1991-1998", *American Journal of Public Health*, 94, 1940-1941.

Millot J. L., Filiatre J. C., Gagnon A. C., Eckerlin A. & Montagner H. (1988). "Children and their pet dogs : How they communicate", *Behavioural Processes*, 17, 1-15.

Reisner I. R., Shofer F. S. & Nance M. L. (2007). "Behavioral assessment of child-directed canine aggression", *Injury Prevention*, 13, 348-351.

Sacks J. J., Kresnow M. & Houston B. (1996). "Dog bites : How big a problem?", *Injury Prevention*, 2, 52-54.

Sacks J. J., Sinclair L., Gilchrist J., Golab G. C. & Lockwood R. (2000). "Breeds of dogs involved in fatal human attacks in the United States between 1979 and 1998", *Journal of the American Veterinary Medical Association*, 217, 836-840.

Sinclair C. L. & Zhou C. (1995). "Descriptive epidemiology of animal bites in Indiana, 1990-1992. A rationale for intervention", *Public Health Rep.*, 110, 64-67.

Weiss H. B., Friedman D. I. & Coben J. (1998). "Incidence of dog bite injuries treated in emergency departments", *The Journal of the American Medical Association*, 279, 51-53.

5

Albert A. & Anderson M. (1997). "Dogs, cats and morale maintenance", *Anthrozoös*, 10, 121-124.

Paul E. S. (2000). "Empathy with animals and with humans : Are they linked?", *Anthrozoös*, 13, 194-202.

Sprinkle J. E. (2008). "Animals, empathy and violence. Can animals be used to convey principles of prosocial behavior to children?", *Youth Violence and Juvenile Justice*, 6, 47-58.

6

Barnes J. E., Boat B. W., Putnam F. W., Date H. F. & Mahlman A. R. (2006). "Ownership of high-risk ("vicious") dogs as a marker for deviant behaviors", *Journal of Interpersonal Violence*, 21, 1616-1634.

Ragatz L., Fremouw W. & Thomas T. (2009). "Vicious dogs : The antisocial behaviors and psychological characteristics of owners", *Journal of Forensic Science*, 54, 699-703.

3장

1

Guéguen N. (준비 중). "Dogs resemble their owners but only when considering categories of dogs and categories of owners".

Payne C. & Jaffe K. (2007). "Self seeks like : many humans choose their dog pets following rules used for assortative mating", *Journal of Ethology*, 23, 15-18.

Roy M. M. & Christenfeld N. J. S. (2004). "Do dogs resemble their owners?", *Psychological Science*, 15, 361-363.

Zajonc R. B,, Adelmann P. K., Murphy S. T. & Niedenthal P. M. (1987). "Convergence in the physical appearance of spouses", *Motivation and Emotion*, 11, 335-346.

2

Ainsworth M. & Wittig B. A. (1969). "Attachment and exploratory behaviour of one-year olds in a strange situation", in B. M. Foss (ed.), *Determinants of Infant Behaior*, vol. 4, London, Methuen, 111-136.

Edwards C., Heiblum M., Tejeda A. & Galindo F. (2007). "Experimental evaluation of attachment behaviours in owned cats", *Journal of Veterinary Behavior*, 2, 119-125.

3

Coppinger R. & Coppinger L. (2002). A *New Understanding of Canine Origin, Behavior and Evolution*, University of Chicago Press.

4

Feuerstein N. & Terkel J. (2008). "Interrelationalships of dogs (*Canis familiaris*) and cats (*Felis catus L.*) living under the same roof", *Applied Animal Behaviour Science*, 113, 150-165.

5

Hess E. H. (1975). "The role of pupil size in communication", *Scientific America*, 233, 110-119.

Millot J. L., Brand G. & Schmitt A. (1996). "Affective attitudes of children and adults in relation to the pupil diameter of a cat : Preliminary data", *Anthrozoös*, 9, 85-87.

Tombs S. & Silverman I. (2004). "Pupillometry : A sexual selection approach", *Evolution and Human Behavior*, 25, 221-228.

6

Ajinomoto General Food, Inc. (1996). *Heisei heikin pet zou : Pet ha kodomo! wagaya no ichiin (Heisei average pet image : Pets are children! Members of my family)*.

Albert A. & Bulcroft K. (1988). "Pets, families, and the life course", *Journal of Marriage and the Family*, 50, 543-552.

Barker S. B. & Barker R. T. (1990). "Inverstigation of the construct validity of the Family Life Space Diagram", *Journal of Mental Health Counselling*, 12, 506-514.

Barker S. B. & Barker R. T. (1988). "The human–canine bond : Closer than family ties?", *Journal of Metal Health Counselling*, 10, 46-56.

Gage M. G. & Guadagno M. A. (1985). "And Rover makes tour", communication at the International Conference of the Delta Society, Denver, CO.

Gage M. G. & Holcomb R. (1991). "Couples' perception of stressfulness of death of the family pet", *Family Relations*, 40, 103-105.

Triebenbacher S. (1998). "Pets as transitional objects : Their role in children's emotional development", *Psychological Reports*, 82, 191-200.

Zasloff R. & Kidd A. (1994). "Loneliness and pet ownership among single women", *Psychological Reports*, 75, 747-752.

4장

1

Bloom P. (2000). *How Children Learn the Meanings of Words*, MIT Press, Cambridge, MA.

Kaminski J., Call J. & Fischer J. (2004). "Word learning in a domestic dog : evidence for fast mapping", *Science*, 304, 1682-1683.

Seidenberg M. S. & Petitto L. A. (1987). "Communication, symbolic communication and language in child and chimpanzee. Comment on Savage-Rumbaugh, McDonald, Sevcik, Hopkins, and Rupert (1986)", *Journal of Experimental Psychology : General*, 116, 279-287.

2

Csányi V. (2005). *If Dogs Could Talk : Exploring the Canine Mind*, San Francisco, North Point Press.

Erdohegyi Á., Topál J. & Virányi Z. (2007). "Dog-logic : Inferential reasoning in a two-way choice task and its restricted use", *Animal Behaviour*, 74, 725-737.

Fallani G., Prato-Previde E. & Valsecchi P. (2007). "Behavioral and physiological responses of guide dogs to a situation of emotional distress", Physiology & Behavior, 90, 648-655.

Prato-Previde E., Custance D. M., Spiezio C. & Sabatini F. (2003). "Is the dog-human relationship an attachment bond? An observational study using Ainsworth's strange situation", *Behaviour*, 140, 225-254.

Range F., Aust U., Steurer M. & Huber L. (2007). "Visual categorization of natural stimuli by domestic dogs *(Canis familiaris)*", *Animal Cognition* 11(2), 339-347.

Schwab C. & Huber L. (2006). "Obey or not obey? Dogs *(canis familiaris)* behave differently in response to attentional states of their owners", *Journal of Comparative Psychology*, 120, 169-175.

Topál J., Byrne R. W., Miklósi A. & Csányi V. (2006). "Reproducing human actions and action sequences : 'Do as I do!' in a dog", *Animal Cognition*, 9(4), 355-367.

Udell M. A. R., Dorey N. R. & Wynne C. D. L. (2008). "Wolves outperform dogs in following human social cues", *Animal Behaviour*, 76, 1767-1773.

Ward C. & Smuts B. B. (2007). "Quantity-based judgements in the domestic dog *(canis lupus familiaris)*", *Animal Cognition*, 10, 71-80.

3

Ciccotti S. (2006). *100 Petites Expériences de psychologie pour mieux comprendre votre bébé*, Paris, Dunod.

Mitchell R. W. (2001). "Americans' talk to dogs : similarites and differences with talk to infants", *Research on Language and Social Interaction*, 34(2), 183-210.

Sims V. K. & Chin M. G. (2002). "Responsiveness and perceived intelligence as predictors of speech addressed to cats", *Anthrozoös*, 15, 166-177.

4

Adachi I., Kuwahata H. & Fujita K. (2007). "Dogs recall their owner's face upon hearing the owner's voice", *Animal Cognition*, 10, 17-21.

5

Call J. & Tomasello M. (1996). "The effect of humans on the cognitive development of apes" in A. E. Russon, K. A. Bard & S. T. Parker (eds.), *Reaching into Thought*, Cambridge, Angleterre, Cambridge University Press, 371-403.

Ciccotti S. (2006). *100 Petites Expériences de psychologie pour mieux comprendre votre bébé*, Paris, Dunod.

Hare B. & Tomasello M. (1999). "Domestic dogs *(Canis familiaris)* use human and conspecific social cues to locate hidden food", *Journal of Comparative Psychology*, 113, 173-177.

McKinley J. & Sambrook T. D. (2000), "Use of human-given cues by domestic dogs *(Canis familiaris)* and horses *(Equus caballus)*", *Animal Cognition*, 3, 13-22.

Miklósi A., Gácsi M., Kubinyi E., Virányi Z. & Csányi V. (2002). *Comprehension of the Human Pointing Gesture in Young Socialized Wolves and Dogs*.

Miklósi A., Kubinyi E., Topál J., Gácsi M., Virányi Z. & Csányi V. (2003). "A simple reason for a big difference : Wolves do not look back at humans but dogs do", *Current Biology*, 13, 763-766.

Miklósi A., Polgardi R., Topál J. & Csányi V. (1998). "Use of experimenter-given cues in dogs", *Animal Cognition*, 1, 113-121.

Miklósi A., Pongracz P., Lakatos G., Topál J. & Csányi V. (2005). "A comparative study of the use of visual communicative signals in interactions between dogs *(Canis familiaris)* and cats *(Felis catus)* and humans", *Journal of Comparative Psychology*, 119, 179-186.

Miklósi A. & Soproni K. (in press). "A comparative analysis of the animals' understanding of the human pointing gesture", *Animal Cognition*.

Soproni K., Miklósi A., Topál J. & Csányi V. (2001). "Comprehension of human communicative signs in pet dogs *(Canis familiaris)*", *Journal of Comparative Psychology*, 115, 122-126.

5장

1

Allen K. M., Blascovich J. & Mendes W. B. (2002). "Cardiovascular reactivity and the presence of pets, friends and spouses : The truth about cats and dogs", *Psychosomatic Medicine*, 64, 727-739.

Allen K. M., Blascovich J., Tomaka J. & Kelsey R. M. (1991). "Presence of human friends and pet dogs as moderators of autonomic responses to stress in women", *Journal of Personality and Social Psychology*, 61, 582-589.

Anderson W. P., Reid C. M. & Jennings G. L. (1992). "Pet ownership and risk factors for cardiovascular disease", *Medical Journal of Australia*, 157, 298-301.

Dembicki D. & Anderson J. (1996). "Pet ownership may be a factor in improved health of the elderly", *Journal of Nutrition for the Elderly*, 15, 15-31.

Friedmann E. & Thomas S. A. (1995). "Pet ownership, social support, and one year survival after acute myocardial infarction in the cardiac arrhythmia suppression trial (CAST)", *American Journal of Cardiology*, 76, 1213-1217.

Hart L. A., Hart B. L. & Bergin B. (1987). "Socializing effects of service dogs for

people with disabilities", *Anthrozoös*, 1, 41-44.
Hart L. A., Zasloff R. L. & Benfatto A. M. (1995). "The pleasures and problems of hearing dog ownership", *Psychological Reports*, 77, 969-970.
Lane D. R., McNicholas J. & Collis G. M. (1998). "Dogs for the disabled : Benefits to recipients and welfare of the dog", *Applied Animal Behaviour Science*, 59, 49-60.
Sanders C. R. (2000). "The impact of guide dogs on the identity of people with visual impairments", *Anthrozoös*, 13, 131-139.
Serpell J. A. (1991). "Beneficial effects of pet ownership on some aspects of human health and behaviour", *Journal of the Royal Society of Medicine*, 84, 717-720.
Somervill J. W., Kruglikova Y. A., Robertson R. L., Hanson L. M. & MacLin O. H. (2008). "Physiological responses by college students to a dog and a cat : implications for pet therapy", *North American Journal of Psychology*, 10, 519-528.
Steffens M. C. & Bergler R. (1998). "Blind people and their dogs" in C. C. Wilson & D. C. Turner (eds.), *Companion Animals in Human Health*, Thousand Oaks, CA, Sage, 149-157.
Straede C. M. & Gates G. R. (1993). "Psychological health in a population of Australian cat owners", *Anthrozoös*, 6, 30-41.
Wells D. L. (2007). "Domestic dogs and human health : an overview", *British Journal of Health Psychology*, 12, 145-156.
Wilson C. (1991). "The pet as an anxiolytic intervention", *Journal of Nervous and Mental Disease*, 179, 482-489.
Wilson C. C. & Turner D. C. (1998). *Companion Animals in Human Health*, London, Sage.

2

Brown S. G. & Rhodes R. E. (2006). "Relationships among dog ownership and leisure time walking in Western Canadian adults", *American Journal of Preventive Medicine*, 30, 131-136.
Coleman K. J., Rosenberg D. E., Conway T. L., Sallis. J. F., Saelens B. E., Frank L. D. & Cain K. (2008). "Physical activity, weight status, and neighborhood characteristics of dog walkers", *Preventive Medicine*, 47, 309-312.
Cutt H., Giles-Corti B., Knuiman M., Timperio A. & Bull F. (2008). "Understanding dog owners' increased levels of physical activity : results from RESIDE", *American Journal Public Health*, 98, 66-69.
Thorpe R. J. Jr, Simonsick E. M., Brach J. S., Ayonayon H., Satterfield S., Harris T. B., Garcia M. & Krichevsky S. B. (2006). "Dog ownership, walking behavior, and maintained mobility in late life", *Journal of American Geriatrics Society*, 54, 1419-1424.
Timperio A., Salmon J., Chu B. & Andrianopoulos N. (2008). "Is dog ownership or dog walking associated with weight status in children and their parents?", *Health Promotion Journal of Australia*, 19, 60-63.

3

Colby P. M. & Sherman A. (2002). "Attachment styles impact on pet visitation effectiveness", *Anthrozoös*, 15, 150-165.

Corson S. & Corson E. O. (1981). "Companion animals as bonding catalysts in geriatric institutions", in B. Fogle (ed.), *Interactions Between People and Pets*, Springfield, IL, Charles C. Thomas.

Headey B. & Krause P. (1999). "Health benefits and potential budget savings due to pets : Australian and German survey results", *Australian Social Monitor*, 2, 37-41.

Hecht L., McMillin J. D. & Silverman P. (2001). "Pets, netwokrs and well-being", *Anthrozoös*, 14, 95-105.

Jorm A. F., Jacomb P. A., Christensen H., Henderson S., Korten A. E. & Rodgers B. (1997). "Impact of pet ownership on elderly Australians' use of medical services : an analysis using Medicare data", *Medical Journal of Australia*, 166, 376-377.

Kidd A. H. & Feldmann B. M. (1981). "Pet Ownership and self-perceptions of older people", *Psychological Reports*, 48, 867-875.

Likourezos A., Burack O. & Lantz M. S. (2002). "The therapeutic use of companion animals", *Clinical Geriatrics*, 10, 31-33.

Raina P., Waltner-Toews D., Bonnett B., Woodward C. & Abernathy T. (1999). "Influence of companion animals on the physical and psychological health of older people : an analysis of a one-year longitudinal", *Journal of the American Geriatrics Society*, 47, 323-329.

Richeson N. E. (2003). "Effects of animal-assisted therapy on agitated behaviors and social interactions of older adults with dementia", *American Journal of Alzheimer's Disease & Other Dementias*, 18, 353-358.

Wilson C. C. & Turner D. C. (1998). *Loneliness, Stress and Human-Animal Attachment Among Older Adults. Companion Animals in Human Health*, Thousand Oaks, California, Sage Pubications, 123-124.

4

Brown S. W. & Strong V. (2001). "The use of seizure-alert dogs", *Seizure*, 10, 39-41.

Dalziel D. J., Uthman B. M., McGorray S. P. & Reep R. L. (2003). "Seizure-alert dogs : A review and preliminary study", *Seizure*, 12, 115-120.

Edney A. T. B. (1991). "Dogs as predictors of human epilepsy", *Veterinary Record*, 129, 251.

Edney A. T. B. (1993). "Companion animal topics : Dogs and human epilepsy", *Veterinary Record*, 132, 337-338.

Kirton A., Wirrell E., Zhang J. & Hamiwka L. (2004). "Seizure-alerting and response behaviors in dogs living with epileptic children", *Neurology*, 62, 2303-2305

Strong V. & Brown S. W. (2000). "Should people with epilepsy have untrained dogs as pets?", *Seizure*, 9, 427-430.

Strong V., Brown S., Huyton M. & Coyle H. (2002). "Effect of trained seizure alert dogs on frequency of tonic-clonic seizures", *Seizure*, 11, 402-405.

5

Zheng R., Na F. & Headey B. (2007). "Pet dogs benefit owners' health : A "natural experiment" in China", 11th International Conference on Human-Animal Interactions, Tokyo, 5-8 October, 2007.

6

Chen M., Daly M., Natt S. & Williams G. (2000). "Non-invasive detection of hypoglycaemia using a novel, fully biocompatible and patient friendly alarm system", *British Medical Journal*, 321, 1565-1566.

Lim. K., Wilcox A., Fisher M. & Burns-Cox C. I. (1992). "Type 1 diabetics and their pets", *Diabetic Medicine*, 9, 3-4.

McAulay V., Deary I. J. & Frier B. M. (2001). "Symptoms of hypoglycaemia in people with diabetes", *Diabetic Medicine*, 18, 690-705.

7

Church J. & Williams H. (2001). "Another sniffer dog for the clinic?", *Lancet*, 358, 930.

Di Natale C., Macagnano A. Martinelli E., Paolesse R., D'Arcangelo G., Roscioni C., Finazzi-Agro A. & D'Amico A. (2003). "Lung cancer identification by the analysis of breath by means of an array of non-selective gas sensors", *Biosensory Bioelectronics*, 18, 1209-1218.

Dobson R. (2003). "Dogs can sniff our first signs of men's cancer", *Sunday Times*, 27 April.

Phillips M., Cataneo R. N., Ditkoff B. A., Fisher P., Greenberg J., Gunawardena R., Kwon C. S., Rahbari-Oskoui F. & Wong C. (2003). "Volatile markers of breast cancer in the breath", *Breast Journal*, 9, 184-191.

Schoon G. A. A. (1997). "The performance of dogs in identifying humans by scent", 미발표 박사학위논문, University of Leiden, Netherlands.

Williams H. & Pembroke A. (1989). "Sniffer dogs in the melanoma clinic?", *The Lancet*, 1, 734.

Willis C. M., Church S. M., Guest C. M., Cook W. A., McCarthy N., Bransbury A. J., Church M. R. & Church J. C. (2004). "Olfactory detection of human bladder cancer by dogs : proof of principle study", *British Medical Journal*, 329, 1286-1287.

6장

1

Freedman R. (1986). *Beauty Bound*, Lexington, MA, D.C. Health.

Guéguen N. (in press). "Women's hair color and hitchhiking : Gentlemen drivers prefers blonds", *Perceptual and Motor Skills*.

Guéguen N. (제출). "Human Hair color and cats coat color : An empirical and experimental link", *Psychological Science*.

Hinsz V. B., Matz D. C. & Patience R. A. (2001). "Does women's hair signal reproductive potential?", *Journal of Experimental Social Psychology*, 37, 166-172.

Jacobi L. & Cash T. F. (1995). "In pursuit of the perfect appearance : Discrepancies among selfdeal percepts of multiple physical attributes", *Journal of Applied Social Psychology*, 24, 379-396.

Wells D. L. & Hepper P. G. (1992). "The behaviour of dogs in a rescue shelter", *Animal Welfare*, 1, 171-186.

2

Guéguen N. (2007). "100 Petites Expériences en psychologie de la séduction pour mieux comprendre nos comportements amoureux", Paris, Dunod.

Guéguen N. (준비 중). "Further evidence of the dog facilitating effect in social interaction", *Anthrozoös*.

Guéguen N. & Ciccotti S. (2008). "Domestic dogs as facilitators in social interaction : An evaluation of helping and courtship behaviors", *Anthrozoös*, 21(4), 339-349.

Guéguen N. & Ciccotti S. (제출). "The attractive impact of a cat or a dog associated with a personal ad on the web", *CyberPsychology & Behavior*.

Guéguen N. & Fischer-Lokou J. (제출). "Male's interest for a pet and woman memory of the male's characteristics", *Perceptual & Motor Skills*.

3

Eddy J., Hart L. A. & Boltz R. P. (1988). "The effects of service dogs on social acknowledgements of people in wheelchairs", *The Journal of Psychology : Interdisciplinary and Applied*, 122, 39-45.

Hien E. & Deputte B. L. (1997). "Influence of a capuchin monkey companion on the social life of a person with quadriplegia : an experimental stydy", *Anthrozoös*, 10(2/3), 101-107.

McNicholas J. & Collis G. M. (2000). "Dogs as catalysts for social interactions : robustness of the effect", *British Journal of Psychology*, 91, 61-70.

Wells D. L. (2004). "The facilitation of social interactions by domestic dogs", *Anthrozoös*, 17, 340-352.

4

Hunt S. J., Hart Ly A. & Gomulkiewicz R. (1992). "Role of small animals in social interactions between strangers", *The Journal of Social Psychology*, 132, 245-256.

5

Pichel C. H. & Hart L. A. (1989). "Desensitization of sexual anxiety ; relaxation, play, and touch experiences with a pet", *Anthrozoös*, 2, 58-61.

6

Guéguen N. & Ciccotti S. (발표 예정). "Does a dog's presence make a nice person appear nicer?", *Journal of Human Animal Studies*.

Rossbach K. A. & Wilson J. P. (1991). "Does a dog's presence make a person appear more likable? : Two studies", *Anthrozoös*, 5, 40-51.

7장

1

Beck A. & Katcher A. (1983). *Between Pets and People : The Importance of Animal Companionship*, New York, G. P. Putnam.

Branch L. (2008). "Women over 50 and companion animals : The role of pets in women's later life development", *Dissertation Abstracts International*, 69, 405.

Folse E. B., Minder C. C., Aycock M. J. & Santana R. T. (1994). "Animal-assisted therapy and depression in adult college students", *Anthrozoös*, 7, 188-194.

Carrity T. F., Stallones L., Marx M. B. & Johnson T. P. (1989). "Pet ownership and attachment as supportive factors in the health of the elderly", *Anthrozoös*, 3, 35-44.

Hunt G. M. & Stein H. C. (2007). "Who let the dogs in? A pets policy for a supported housing organization", *American Journal of Psychiatric Rehabilitation*, 10, 163-183.

Souter M. A. & Miller M. D. (2007). "Do animal-assisted activities effectively treat depresson? A meta-analysis", *Anthrozoös*, 20, 167-180.

Triebenbacher S. L. (1998). "The relationship between attachment to companion animals and selfesteem", in C. C. Wilson & D. C. Turner (eds.), *Companion Animals in Human Health*, London, Sage, 135-148.

2

Barker S. B. & Dawson K. S. (1998). "The effects of animal-assisted therapy on anxiety ratings of hospitalized psychiatric patients", *Psychiatric Services*, 49, 797-801.

Kovacs Z., Rozsa S. & Rozsa L. (2004). "Animal assisted therapy for middle-aged schizophrenic patients living in a social institution. A pilot study", *Clinical Rehabilitation*, 18, 483-486.

Sockalingam S., Li M., Krishnadev U., Hanson K., Balaban K., Pacione L. R. & Bhalerao S. (2008). "Use of animal-assisted therapy in the rehabilitation of an assault victim with a concurrent mood disorder", *Issues in Mental Health Nursing*, 29, 73-84.

3

Antonioli C. & Reveley M. A. (2005). "Randomized controlled trial of animal facilitated therapy with dolphins in the treatment of depression", *British Medical Journal*, 331, 1231.

Bertoti D. B. (1988). "Effect of therapentic horseback riding on posture in Children with cerebral palsy", *Physical Therapy*, 68, 1505-1512.

Garrity T. Stallones L. (1998). "Effects of pet contact on human well-being : Review of recent research", in C. C. Wilson & D. C. Turner (eds.), *Companion Animals in Human Health*, Thousand Oaks, Sage Publications.

Iannuzzi D. & Rowan A. N. (1991). "Ethical issues in animal-assisted therapy programs", *Anthrozoös*, 4, 154-163.

Jorgenson J. (1997). "Therapeutic use of companion animals in health care", *Image : The Journal of Nursing Scholarship*, 29, 249-254.

Lutwack-Bloom P., Wijewickrama R. & Smith B. (2005). "Effects of pets versus people visits with nursing home residents", *Journal of Gerontological Social Work*, 44, 137-159.

Ory M. G. & Goldberg E. L. (1983). "Pet possession and life satisfaction in elderly women" in A. H. Katcher & A. M. Beck (eds.), *New Perspectives on our Lives with Companion Animals*, Philadelphia, University of Pennsylvania Press, 303-317.

Zisselman M., Rovner B., Shmuely Y. & Ferrie P. (1996). "A pet therapy intervention with geriatric psychiatry inpatients", *The American Journal of Occupational Therapy*, 50(1), 47-51.

4

Davis E., Davies B., Wolfe R., Raadsveld R., Heine B., Thomason P., Dobson F. & Graham H. K. (2009). "A randomized controlled trial of the impact of therapeutic horse riding on the quality of life, health and function of children with cerebral palsy", *Developmental Medicine & Child Neurology*, 51, 111-119.

Foley A. J. (2008). *Conflict and Connection : A Theoretical and Evaluative Study of an Equine-Assisted Psychotherapy Program for At-Risk and Delinquent Girls*, Boulder, Colorado, University of Colorado.

Lutter C. B. (2008). *Equine Assisted Therapy and Exercise with Eating Disorders : A Retrospective Chart Review and Mixed Method Analysis*, Arlington, Texas, University of Texas.

Russell-Martin L. A. (2006). *Equine Facilitated Couples Therapy and Solution Focused Couples Therapy : A Comparison Study*, Arizona, Northcentral University.

Ventrudo T. (2006). *Parent's Perspective : Is Horseback Riding Beneficial to Children with Disabilities?*, New York, Touro College.

5

Hines L. (1983). "Pets in prison : A new partnership", *California Veterinarian*, 7-17 May.

Merriam-Arduini S. (2000). "Evaluation of an experimental program designed to have a positive effect on adjudicated violent, incarcerated male juveniles age 12-25 in the state of Oregon", 미발표 박사논문, Pepperdine University.

Strimple E. O. (2003). "A history of prison inmate-animal interaction programs", *The American Behavioral Scientist*, 47, 70-78.

Turner W. G. (2007). "The experiences of offenders in a prison canine program", *Federal Probation*, 71, 38, 43.

Wals P. & Mertin P. (1994). "The training of pets as therapy dogs in a women's prison : A pilot study", *Anthrozoös*, 7(2), 124-128.

6

Antonioli C. & Reveley M. A. (2005). "Randomized controlled trial of animal facilitated therapy with dolphins in the treatment of depression", *British Medical Journal*, 331, 1231-1234.

Brensing K. & Linke K. (2003). "Behavior of dolphins towards adults and children during swim-with-dolphin programs and towards children with disabilities during therapy sessions", *Anthrozoös*, 16, 315-331.

Nathanson D. E. (1998). "Long-term effectiveness of dolphin-assisted therapy for children with severe disabilities", *Anthrozoös*, 11, 22-32.

Nathanson D. E., de Castro D., Friend H. & McMahon M. (1997). "Effectiveness of short-term dolphinassisted therapy for children with severe disabilities", *Anthrozoös*, 10, 90-100.

Webb N. L., Drummond P. D. (2001). "The effect of swimming with dolphins on human well-being and anxiety", *Anthrozoös*, 14, 81-85.

7

Barker S. B., Pandurangi A. K. & Best A. M. (2003). "Effects of animal-assisted therapy on patients' anxiety, fear, and depression before ECT", *Journal of ECT*, 19(1), 38-44.

Barker S. B., Rasmussen K. G. & Best A. A. (2003). "Effect of aquariums on electroconvulsive therapy patients", *Anthrozoös*, 16(3), 229-240.

DeSchriver M. M., Riddick C. C. (1990). "Effects of watching aquariums on elder's stress", *Anthrozoös*, 4(1), 44-48.

Edwards N. & Beck A. M. (2002). "Animal-assisted therapy and nutrition in Alzheimer's Disease". *Western Journal of Nursing Research*, 24(6), 697-712.

Edwards N. & Beck A. M. (2003). *Using Aquariums in Managing Alzheimer's Disease : Increasing Nutrition and Improving Staff Morale*, Pet Care Trust Final Report.

Guéguen N. & GrandGorge M. "Aquarium presence and helping behavior", Draft-paper, Université de Bretague-Sud.

Katcher A., Segal H. & Beck A. (1984). "Comparison of contemplation and hypnosis for the reduction of anxiety and discomfort during dental surgery", *American Journal of Clinical Hypnosis*, 27, 14-21.

8장

1

Daly B. & Morton L. L. (2006). "An investigation of human-animal interactions and empathy in children : An investigation of human-animal interactions and empathy as related to pet preference, ownership, attachment and attitudes in children", *Anthrozoös*, 19, 113-127.

Kidd A. H. & Kidd. R. M. (1985). "Children's attitudes toward their pets", *Psychological Reports*, 57, 15-31.

Poresky R. H. (1996). "Companion animals and other factors affecting young children's development", *Anthrozoös*, 9(4), 159-168.

Triebenbacher S. L. (1998). "Pets as transitional objects : Their role in children's emotional development", *Psychological Reports*, 81(1), 191-200.

2

Hergovich A., Monshi B., Semmier G. & Zieglmayer V. (2002). "The effects of the presence of a dog in the classroom", *Anthrozoös*, 15, 37-50.

Kotrschal K. & Ortbauer B. (2003). "Behavioral effects of the presence of a dog in a classroom", *Anthrozoös*, 16, 147-159.

Tissen I., Hergovich A. & Spiel C. (2007). "School-based social training with and without dogs : Evaluation of their effectiveness", *Anthrozoös*, 20, 365-373.

3

Guéguen N. & Vion M. "Classroom children's interaction with a cat and later cooperation : A field study", *Draft Paper*, Université de Bretagne-Sud.

Hergovich A., Monshi B., Semmler G. & Zieglmayer V. (2002). "The effects of the presence of a dog in the classroom", *Anthrozoös*, 15, 37-50.

4

DeSchriver M. M. & Riddick C. C. (1990). "Effects of watching aquariums on elders' stress", *Anthrozoös*, 4, 44-48.

Limond J. A., Bradshaw J. W. S. & Comak M. K. (1997). "Behavior of children with learning disabilities interacting with a therapy dog", *Anthrozoös*, 10, 8489.

Nielson J. A. & Delude L. A. (1989). "Behavior of young children in the presence of different kinds of animals", *Anthrozoös*, 3, 119-129.

Ribi F. N., Yokoyama A. & Turner D. C. (2008). "Comparison of children's behavior toward Sony's robotic dog AIBO and a real dog. A pilot study", *Anthrozoös*, 21, 245-256.

Taylor E., Maser S., Yee J. & Gonzalez S. (1993). "Effects of animals on eye contact and vocalisations of elderly residents in a long term care facility", *Physical and Occupational Therapy in Geriatrics*, 11, 61-71.

5

Bandura A. & Menlove F. L. (1968). "Factor determining vicarious extinction of avoidance behavior through symbolic modeling", *Journal of personality & Social Psychology* 8, 99-08.

Guéguen N. & Ciccotti S. (준비 중), "The effect of the robotic dog AIBO on children dog phobia".

6

Hesselmar B., Aberg N., Aberg B., Eriksson B. & Bjorksten B. (1999). "Does early exposure to a cat or dog protect against later allergy development?". *Clinical Experimental Allergy*, 29, 611-617.

Ownby D. R., Johnson C. C & Peterson E. L. (2002). "Exposure to dogs and cats in the first year of life and risk of allergic sensitization at 6 to 7 years of age", *The Journal of the American Medical Association*, 288, 963-972.

7

Baról J. (2006). http://www.youtube.com/bosquecat에서 동영상 발췌.

Carenzi C., Galimberti M. M., Buttram D. D. & Prato-Previde E. (2007). "The effects of Animal Assisted Therapy (AAT) on the interaction abilities of children with autism", 11th International Conference on Human-Animal Interactions, IAHAIO, University of Tokyo, 5-8 October, 2007.

Fossati R. & Taboni A. (2007). "A Speechless child : two years and a half of AAT versus autism", 11th Internatinonal Conference on Muman-Animal Interations, IAHAIO, University of Tokyo, 5-8 October, 2007.

Martin F. & Farnum J. (2002). "Animal-assisted therapy for children with pervasive developmental disorders", *Western Journal of Nursing Research*, 24, 657-670.

Yeh M. L. (2007). "Canine animal-assisted therapy model for the autistic children in Taiwan. The effects of Animal Assisted Therapy (AAT) on the interaction abilities of children with autism", 11th International Conference on Human-Animal Interactions, IAHAIO, University of Tokyo, 5-8 October, 2007.

외전

1

Bertenshaw C. & Rowlinson P. (2009). "Exploring stock managers' perceptions of the human-animal relationship on diary farms and an association with milk production", *Anthrozoös*, 22, 59-69.

2

Bertenshaw C., Rowlinson P., Edge H., Douglas S. & Shiela R. (2008). "The effect of different degrees of "positive" human-animal interaction during rearing on the welfare and subsequent production of commercial dairly heifers", *Applied Animal Behavior Science*, 114, 65-75.

3

Peeters E., Deprez K., Beckers F., De Baerdemaeker J., Aubert A. E. & Geers R. (2008). "Effect of driver and driving style on the stress responses of pigs during a short journey by trailer", *Animal Welfare*, 17, 189-196.

4

Herzog H. (2006). "Forty-two thousand and one Dalmatians : Fads, social contagion and dog breed popularity", *Society and Animals*, 14, 383-397.

5

Gunnthorsdottir A. (2001). "Physical attractiveness of an animal species as a decision factor for its preservation", *Anthrozoös*, 14(4), 204-215.

6

Wells D. L. & Hepper P. G. (1999). "Male and female dogs respond differently to men and women", *Applied Animal Behavior Science*, 61(4), 341-349.

찾아보기

ㄱ

가정 폭력 52, 57, 59
간질 126
간질발작 135
강아지 151
강아지 로봇 221
개 84, 87, 100, 105, 120, 124, 129, 135,
    139, 175, 189, 221, 250
개고기 23
개 공포증 226
개똥 20
개 식용 23
《개의 지능》 110
개와 함께 긍정적인 기회와 뚜렷한 변화를 190
개의 공격성 64
개의 조상 84
개의 지능 105
개회충 20
거미 공포증 226
거북이 162
건강 125, 132
견종 72, 77
결속력 218
고독감 133
고양이 80, 87, 90, 121, 124, 132, 141,
    153, 166, 219
고양이의 지능 114

고양이털 알레르기 231
고테네르, 리샤르 114
공감 능력 68, 209, 215
공격성 215
공동 진화 120
관찰 215
교도소 189
교육 효과 212
규제 24
그레이하운드 141
금발 146

ㄴ

나이팅게일, 플로렌스 181
낯선 상황 테스트 103
냄새 141
노인 133, 182
뇌성마비 185
늑대 84, 105, 121

ㄷ

다운증후군 222
단순 소유 효과 15
당뇨병 139
대치법 228
도덕 지수 71
도베르만 32
도시 학대범 46
돌고래 182, 194
돌고래 치료 194
동공 형태 90
동물 공포증 226
동물 매개 치료 131, 167, 177, 178, 182, 235
동물보호단체 248

찾아보기 | 271

동물 폭력 52
동물 학대 44, 47, 52
돼지 244
또래 집단 237

ㄹ

〈래시〉 247
로트와일러 31, 72

ㅁ

마스티프 141
말 182, 185
말 매개 치료 185
멜라민 85
모방 능력 107
무는 개 64
무지개다리 93
물고기 200

ㅂ

바셋하운드 141
발작 탐지견 135
방광암 141
〈101마리 달마시안〉 247
범법 행위 73
보리스 레빈슨 182
부부성장애 166
부부 치료 186
부부 폭력 52, 54
비만 129
빗질 242

ㅅ

사회적 상호작용 222
사회적 전염 246
사회적 지능 214
설리번 182
섭식장애 186
성적 학대 55
셰퍼드 105, 141
소변 141
수족관 200
승마 185
시각적 몰입 방법 228
시골 학대범 46

ㅇ

아드레날린 85
아메리카산 원숭이 159
아이보 221, 228
악성 종양 140
안내견 103, 126, 182
안정 애착 103
알레르기 231
알츠하이머 201
암소 242
애착 17, 80, 133
언어 수준 116
언어 습득 능력 100
에인즈워스의 낯선 상황 81
Fel D1 232
여가 치료 180
연쇄살인범 49
연역적 추리 108
영역 구별 능력 218
옥시토신 호르몬 95
우울증 175, 177
유기견 190

유전자변형 고양이 231
〈유키〉 114
유혹 152
의사 소통 115, 119
이름 34
이미지 분류 능력 106
이타적 행동 26, 204
이행 대상 210
인간 학대 48
인디애나 도우미견과 청소년 네트워크 191
인명 구조견 70
인지 능력 217
인지 행동 치료 230

ㅈ

자존감 17
자폐증 234
잔혹 행위 50
장난감 224
재범률 191
저알레르기성 고양이 231, 232
저혈당 139
적응력 104
전기 경련 치료 203
전기 충격 요법 203
전이 효과 161
정신분열증 178
정신질환 179
젖소 240
종양 141
지능 104
지능지수 209
GMO 고양이 232

ㅊ

치과 200
치료견 177, 180
치매 201
치와와 32

ㅋ

코렌, 스탠리 110
코르티솔 245
콜리 32

ㅌ

털 146
토끼 162

ㅍ

펫로스 95
폭력 68
표상 대응 능력 101
POOCH 프로젝트 190
품종개량 86
프로이트 182
피츠제럴드 62
핏불테리어 72

ㅎ

학교 폭력 방지 프로그램 70
학습 능력 217
혈당 감소 139
협동심 219
후각 140
후각세포 141
후각엽 141

역자 후기

이 책은 프랑스 뒤노 출판사에서 펴낸 '100가지 작은 심리 실험' 총서 가운데 한 권이다. '100가지 작은 심리 실험' 총서는 저자가 주제별로 100가지 심리 실험의 결과를 분석, 종합하여 결론을 이끌어내는 동일한 방식을 취하는 것이 특징이다. 이제까지 몸짓의 의미, 자연이 인간에게 미치는 효능, 뇌의 작용과 비밀, 권력이 인간에게 끼치는 영향, 소비자 심리, 미소의 역할, 인간관계의 이해, 행복과 장수의 관계, 텔레비전이 건강에 끼치는 폐해 등 여러 영역에 걸쳐 흥미로운 주제를 다뤘다. 이 책은 그중에서도 '반려동물이 인간에게 끼치는 영향'을 분석했는데 저자인 세르주 치코티와 니콜라 게갱은 심리학계에서 활발하게 활동하며 다수의 저서와 논문을 발표한 연구자들이다.

이 책은 동물의 자질과 능력, 인간과 동물 사이의 상호작용, 동물이 인간의 육체적·정신적 건강에 끼치는 영향, 동물이 인간의 우울증에 끼치는 긍정적인 효과, 동물이 인간의 사회적 관계에 미치는 영향 등에 관한 여러 연구 결과를 보여 준다. 책에 등장하는 각 주제는 우리가 반려동물과 살면서 흔히 품는 궁금증을 토대로 하기에 더욱 관심이 간다. '개와 고양이 중 누가 더 똑똑할까?', '반려인은 자신과 닮은 동물을 선택할까, 아니면 같이 살면서 서로 닮아 갈까?', '개나 고양이가 주인의 위험을 발견하고 구조를 요청했다는 뉴스가 사실일까?', '동물을 학대하는 사람은 인간에게도 잔인할까?', '개나 고양이를 키우면 이성을 사귀는 데 도움이 될까?' 등은 누구나 한번쯤 해봄직한 질문들이기 때문이다.

다양한 질문에 답하기 위해 이 책은 방대한 실험과 연구를 바탕으로 결과를 분석한다. 또한 곳곳에 도표와 그래프를 제시함으로써 독자의 이해를 돕는다. 경험이나 사례를 통해 이러한 주제에 접근한 책은 많지만, 이 책은 저자의 주관적인 견해를 배제하고 오직 실험과 연구만을 기반으로 객관적인 수치를 전달한다는 점에서 가치가 있다. 뿐만 아니라 국내에는 잘 알려지지 않은 다양한 동물치료법을 소개한다는 점에서도 흥미롭다. 또한 교도소, 요양원 등에서 교정이나 치료 목적으로 동물을 활용할 때 높은 효과를 거둘 수 있다는 점도 주목할 만하다. 아직까지 동물의 공공장소 출입이 엄격히 금지되고, 인간과 동물의 공존에 대한 인식이 부족한 한국에서는 당장 적용하기 힘들겠지만 장기적으로는 고려해 볼 만한 방법이다. 마지막으로 어린이와 환자, 노인 등 다양한 계층과 각양각색의 대인 관계 상황에 끼치는 동물의 영향을 연구했다는 점도 특기할 만하다.

최근 들어 생명과 환경의 관점에서 동물권을 논하는 책이나 반려동물과 교감하는 과정을 담은 책, 유기견이나 길고양이가 처한 현실을 다루는 책이 점점 더 많이 나오는 추세다. 이와 비교할 때 '반려동물이 인간에게 끼치는 영향'을 연구한 이 책은 동물 자체에 대한 관심보다는 효용이라는 인간의 관점에서 기획되었다고 볼 수 있다. 이런 점에서 아쉬움이 느껴지지만 반려인이 궁금하게 여길 법한 여러 주제에 대해 다양한 데이터를 통해 명료한 답을 제시하고, 동물을 키워 본 적이 없는 사람이 가질 만한 질문에 시원한 답변을 준다는 장점이 있다.

또한 동물 관련 학문을 공부하거나 이 분야에 종사하는 이들에게도 객관적인 수치와 과학적인 방법을 통한 연구나 실무에 도움을 줄 것으로 생각된다. 동물과 인간의 관계, 동물이 인간에게 끼치는 영향에 대한 관심이 점차 증가하는 이때, 언론에서 관련 주제를 보도하거나 분석할 때도 유용한 자료로 사용될 수 있을 것이다. 특히 동물이나 인간을 상대로 저지르는 끔찍한 학대나 폭력에 대한 뉴스가 끊이지 않는 한국의 현 상황에서 사건과 현상을 정확하게 파악하고 진단하는 데 활용할 수 있을 것으로 보인다.

이 책의 한국어판은 저자와 역자, 편집자의 긴밀한 교류로 완성되었다. 한국의 편집자는 수차례 교정을 거쳐 가며 원문의 미세한 불일치나 자잘한 오류를 찾아내고 번역문의 어색한 단어와 표현을 바로잡았으며, 프랑스의 두 저자는 편집자와 역자의 연이은 질문에도 매번 예외 없이 신속하게 답변을 보내주었다. 한 권의 책을 내기 위해 이 모든 과정은 당연히 필요하겠지만 한국의 출판 현실에서는 항상 그렇지만은 않은 만큼, 몇 달 동안 긴 메일을 주고받으며 정확하고 유용한 책을 만들고자 애써온 여러 사람의 노력을 이 글을 빌려 독자들에게 알리고 싶다.

그리고 이 책을 번역하는 동안 늘 그렇듯 티거가 함께 해주었다. 나 자신과 인간 세계밖에 알지 못하던 내게 고양이와의 만남은 내가 이 세상에 홀로 존재하는 것이 아니라 사람과 동물, 인간과 자연이 하나로 이어져 있음을 깨닫게 해준 소중한 계기였다. 순수한 사랑은 보답을 바라지 않고 널리 퍼져가는 것임을 가르쳐준 티거와, 길 위에서 힘겨운 나날을 살아가면서도 의연함과 기품을 잃지 않고 별처럼 초롱초롱 빛나는 눈으로 매일 저녁 나를 기다려주는 '네 발 달린 보드랍고 따뜻한 털뭉치' 친구들을 꼭 안아주고 싶다.

이소영

책공장더불어의 책

동물과 이야기하는 여자
SBS 〈TV 동물농장〉에 출연해 화제가 되었던 애니멀 커뮤니케이터 리디아 히비가 20년간 동물들과 나눈 감동의 이야기. 병으로 고통받는 개, 안락사를 원하는 고양이 등과 대화를 통해 문제를 해결한다.

동물을 만나고 좋은 사람이 되었다
(한국출판문화산업진흥원 출판 콘텐츠 창작자금지원 선정)
개, 고양이와 살게 되면서 반려인은 동물의 눈으로, 약자의 눈으로 세상을 보는 법을 배운다. 동물을 통해서 알게 된 세상 덕분에 조금 불편해졌지만 더 좋은 사람이 되어 가는 개·고양이에 포섭된 인간의 성장기.

고양이 천국
(어린이도서연구회에서 뽑은 어린이·청소년 책)
고양이와 이별한 이들을 위한 그림책. 실컷 놀고 먹고, 자고 싶은 곳에서 잘 수 있는 곳. 그러다가 함께 살던 가족이 그리울 때면 잠시 다녀가는 고양이 천국의 모습을 그려냈다.

강아지 천국
반려견과 이별한 이들을 위한 그림책. 들판을 뛰놀다가 맛있는 것을 먹고 잠들 수 있는 곳에서 행복하게 지내다가 천국의 문 앞에서 사람 가족이 오기를 기다리는 무지개 다리 너머 반려견의 이야기.

펫로스 반려동물의 죽음
(아마존닷컴 올해의 책)
동물 호스피스 활동가 리타 레이놀즈가 들려주는 반려동물의 죽음과 무지개 다리 너머의 이야기. 펫로스(pet loss)란 반려동물을 잃은 반려인의 깊은 슬픔을 말한다.

깃털 떠난 고양이에게 쓰는 편지
프랑스 작가 끌로드 앙스가리가 먼저 떠난 고양이에게 보내는 편지. 한 마리 고양이의 삶과 죽음, 상실과 부재의 고통, 동물의 영혼에 대해서 써내려간다.

유기동물에 관한 슬픈 보고서
(환경부 선정 우수환경도서, 어린이도서연구회에서 뽑은 어린이·청소년 책, 한국간행물윤리위원회 좋은 책, 어린이문화진흥회 좋은 어린이책)
동물보호소에서 안락사를 기다리는 유기견, 유기묘의 모습을 사진으로 담았다. 인간에게 버려져 죽임을 당하는 그들의 모습을 통해 인간이 애써 외면하는 불편한 진실을 고발한다.

유기견 입양 교과서
보호소에 입소한 유기견은 안락사와 입양이라는 생사의 갈림길 앞에 선다. 이들에게 입양이라는 선물을 주기 위해 활동가, 봉사자, 임보자가 어떻게 교육하고 어떤 노력을 해야 하는지 차근차근 알려 준다.

임신하면 왜 개, 고양이를 버릴까?
임신, 출산으로 반려동물을 버리는 나라는 한국이 유일하다. 세대 간 문화충돌, 무책임한 언론 등 임신, 육아로 반려동물을 버리는 사회현상에 대한 분석과 안전하게 임신, 육아 기간을 보내는 생활법을 소개한다.

개, 고양이 사료의 진실
미국에서 스테디셀러를 기록하고 있는 책으로 반려동물 사료에 대한 알려지지 않은 진실을 폭로한다. 2007년도 멜라민 사료 파동 취재까지 포함된 최신판이다.

우리 아이가 아파요!
개·고양이 필수 건강 백과
새로운 예방접종 스케줄부터 우리나라 사정에 맞는 나이대별 흔한 질병의 증상·예방·치료·관리법, 나이 든 개, 고양이 돌보기까지 반려동물을 건강하게 키울 수 있는 필수 건강백서.

개·고양이 자연주의 육아백과
세계적 홀리스틱 수의사 피케른의 개와 고양이를 위한 자연주의 육아백과. 40만 부 이상 팔린 베스트셀러로 반려인, 수의사의 필독서. 최상의 식단, 올바른 생활습관, 암, 신장염, 피부병 등 각종 병에 대한 세세한 대처법도 자세히 수록되어 있다.

후쿠시마에 남겨진 동물들
(미래창조과학부 선정 우수과학도서, 환경부 선정 우수환경도서, 환경정의 청소년 환경책 권장도서)
2011년 3월 11일, 대지진에 이은 원전 폭발로 사람들이 떠난 일본 후쿠시마. 다큐멘터리 사진작가가 담은 '죽음의 땅'에 남겨진 동물들의 슬픈 기록.

후쿠시마의 고양이
(한국어린이교육문화연구원 으뜸책)
2011년 동일본 대지진 이후 5년. 사람이 사라진 후쿠시마에서 살처분 명령이 내려진 동물들을 죽이지 않고 돌보고 있는 사람과 함께 사는 두 고양이의 모습을 담은 평화롭지만 슬픈 사진집.

고양이 그림일기
(한국출판문화산업진흥원 이달의 읽을 만한 책)
장군이와 흰둥이, 두 고양이와 그림 그리는 한 인간의 일 년 치 그림일기. 종이 다른 개체가 서로의 삶의 방법을 존중하며 사는 잔잔하고 소소한 이야기.

고양이 임보일기
《고양이 그림일기》의 이새벽 작가가 새끼 고양이 다섯 마리를 구조해서 입양 보내기까지의 시끌벅적한 임보 이야기를 그림으로 그려냈다.

우주식당에서 만나
(한국어린이교육문화연구원 으뜸책)
2010년 볼로냐 어린이도서전에서 올해의 일러스트레이터로 선정되었던 신현아 작가가 반려동물과 함께 사는 이야기를 네 편의 작품으로 묶었다.

고양이는 언제나 고양이였다
고양이를 사랑하는 나라 터키의, 고양이를 사랑하는 글 작가와 그림 작가가 고양이에게 보내는 러브레터. 고양이를 통해 세상을 보는 사람들을 위한 아름다운 고양이 그림책이다.

나비가 없는 세상
(어린이도서연구회에서 뽑은 어린이·청소년 책)
고양이 만화가 김은희 작가가 그려내는 한국 최고의 고양이 만화. 신디, 페르캉, 추사. 개성 강한 세 마리 고양이와 만화가의 달콤쌉싸래한 동거 이야기.

노견 만세
퓰리처상을 수상한 글 작가와 사진 작가의 사진 에세이. 저마다 생애 최고의 마지막 나날을 보내는 노견들에게 보내는 찬사.

치료견 치로리
(어린이문화진흥회 좋은 어린이책)
비 오는 날 쓰레기장에 버려진 잡종개 치로리. 죽음 직전 구조된 치로리는 치료견이 되어 전신마비 환자를 일으키고, 은둔형 외톨이 소년을 치료하는 등 기적을 일으킨다.

용산 개 방실이
(어린이도서연구회에서 뽑은 어린이·청소년 책, 평화박물관 평화책)
용산에도 반려견을 키우며 일상을 살아가던 이웃이 살고 있었다. 용산 참사로 갑자기 아빠가 떠난 뒤 24일간 음식을 거부하고 스스로 아빠를 따라간 반려견 방실이 이야기.

개에게 인간은 친구일까?
인간에 의해 버려지고 착취당하고 고통받는 우리가 몰랐던 개 이야기. 다양한 방법으로 개를 구조하고 보살피는 사람들의 이야기가 그려진다.

개 피부병의 모든 것
홀리스틱 수의사인 저자는 상업사료의 열악한 영양과 과도한 약물사용을 피부병 증가의 원인으로 꼽는다. 제대로 된 피부병 예방법과 치료법을 제시한다.

개가 행복해지는 긍정교육
개의 심리와 행동학을 바탕으로 한 긍정 교육법으로 50만 부 이상 판매된 반려인의 필독서이다. 짖기, 물기, 대소변 가리기, 분리불안 등의 문제를 평화롭게 해결한다.

사람을 돕는 개
(한국어린이교육문화연구원 으뜸책, 학교도서관저널 추천도서)
안내견, 청각장애인 도우미견 등 장애인을 돕는 도우미견과 인명구조견, 흰개미탐지견, 검역 등 사람과 함께 맡은 역할을 해내는 특수견을 만나본다.

암 전문 수의사는 어떻게 암을 이겼나
암에 걸린 암 수술 전문 수의사가 동물 환자들을 통해 배운 질병과 삶의 기쁨에 관한 이야기가 유쾌하고 따뜻하게 펼쳐진다.

버려진 개들의 언덕
(학교도서관저널 추천도서)
인간에 의해 버려져서 동네 언덕에서 살게 된 개들의 이야기. 새끼를 낳아 키우고, 사람들에게 학대를 당하고, 유기견 추격대에 쫓기면서도 치열하게 살아가는 생명들의 2년간의 관찰기.

개.똥.승.
(세종도서 문학나눔 선정도서)
어린이집의 교사이면서 백구 세 마리와 사는 스님이 지구에서 다른 생명체와 더불어 좋은 삶을 사는 방법, 모든 생명이 똑같이 소중하다는 진리를 유쾌하게 들려준다.

채식하는 사자 리틀타이크
(아침독서 추천도서, 교육방송 EBS 〈지식채널e〉 방영)
육식동물인 사자 리틀타이크는 평생 피 냄새와 고기를 거부하고 채식 사자로 살며 개, 고양이, 양 등과 평화롭게 살았다. 종의 본능을 거부한 채식 사자의 9년간의 아름다운 삶의 기록.

대단한 돼지 에스더
(환경부 선정 우수환경도서, 학교도서관저널 추천도서)
인간과 동물 사이의 사랑이 얼마나 많은 것을 변화시킬 수 있는지 알려 주는 놀라운 이야기. 300킬로그램의 돼지 덕분에 파티를 좋아하던 두 남자가 채식을 하고, 동물보호 활동가가 되는 놀랍고도 행복한 이야기.

똥으로 종이를 만드는 코끼리 아저씨
(환경부 선정 우수환경도서, 한국출판문화산업진흥원 청소년 권장도서, 서울시교육청 어린이도서관 여름방학 권장도서, 한국출판문화산업진흥원 청소년 북토큰 도서)
코끼리 똥으로 만든 재생종이 책. 코끼리 똥으로 종이와 책을 만들면서 사람과 코끼리가 평화롭게 살게 된 이야기를 코끼리 똥 종이에 그려냈다.

야생동물병원 24시
(어린이도서연구회에서 뽑은 어린이·청소년 책, 한국출판문화산업진흥원 청소년 북토큰 도서)
로드킬 당한 삵, 밀렵꾼의 총에 맞은 독수리, 건강을 되찾아 자연으로 돌아가는 너구리 등 대한민국 야생동물이 사람과 부대끼며 살아가는 슬프고도 아름다운 이야기.

고등학생의 국내 동물원 평가 보고서
(환경부 선정 우수환경도서)
인간이 만든 '도시의 야생동물 서식지' 동물원에서는 무슨 일이 일어나고 있나? 국내 9개 주요 동물원이 종보전, 동물복지 등 현대 동물원의 역할을 제대로 하고 있는지 평가했다.

고통 받은 동물들의 평생 안식처 동물보호구역
(환경부 선정 우수환경도서, 환경정의 어린이 환경책, 한국어린이교육문화연구원 으뜸책)
고통 받다가 구조되었지만 오갈 데 없었던 야생동물들의 평생 보금자리. 저자와 함께 전 세계 동물보호구역을 다니면서 행복 하게 살고 있는 동물들을 만난다.

동물원 동물은 행복할까?
(환경부 선정 우수환경도서, 학교도서관저널 추천도서)
동물원 북극곰은 야생에서 필요한 공간보다 100만 배, 코끼리는 1,000배 작은 공간에 갇혀 있다. 야생동물보호운동 활동가인 저자가 기록한 동물원에 갇힌 야생동물의 참혹한 삶.

동물 쇼의 웃음 쇼 동물의 눈물
(한국출판문화산업진흥원 청소년 권장도서, 한국출판문화산업진흥원 청소년 북토큰 도서)
동물 서커스와 전시, TV와 영화 속 동물 연기자, 투우, 투견, 경마 등 동물을 이용해서 돈을 버는 오락산업 속 고통받는 동물의 숨겨진 진실을 밝힌다.

인간과 동물, 유대와 배신의 탄생
(환경부 선정 우수환경도서)
미국 최대의 동물보호단체 휴메인소사이어티 대표가 쓴 21세기 동물해방의 새로운 지침서. 농장동물, 산업화된 반려동물 산업, 실험동물, 야생동물 복원에 대한 허위 등 현대의 모든 동물학대에 대해 다루고 있다.

책공장더불어 http://blog.naver.com/animalbook 페이스북 @animalbook4 인스타그램 @animalbook.modoo

동물은 전쟁에 어떻게 사용되나?
전쟁은 인간만의 고통일까? 자살폭탄 테러범이 된 개 등 고대부터 현대 최첨단 무기까지, 우리가 몰랐던 동물 착취의 역사.

동물들의 인간 심판
(대한출판문화협회 올해의 청소년 교양도서, 세종도서 교양 부문, 환경정의 청소년 환경책, 아침독서 청소년 추천도서, 학교도서관저널 추천도서)
동물을 학대하고, 학살하는 범죄를 저지른 인간이 동물 법정에 선다. 고양이, 돼지, 소 등은 인간의 범죄를 증언하고 개는 인간을 변호한다. 이 기묘한 재판의 결과는?

물범 사냥
(노르웨이국제문학협회 번역 지원 선정)
북극해로 떠나는 물범 사냥 어선에 감독관으로 승선한 마리는 낯선 남자들과 6주를 보내야 한다. 남성과 여성, 인간과 동물, 세상이 평등하다고 믿는 사람에게 펼쳐 보이는 세상.

동물학대의 사회학
(학교도서관저널 올해의 책)
동물학대와 인간폭력 사이의 관계를 설명한다. 페미니즘 이론 등 여러 이론적 관점을 소개하면서 앞으로 동물학대 연구가 나아갈 방향을 제시한다.

동물주의 선언
(환경부 선정 우수환경도서)
현재 가장 영향력 있는 정치철학자가 쓴 인간과 동물이 공존하는 사회로 가기 위한 철학적·실천적 지침서.

묻다
(환경부 선정 우수환경도서, 환경정의 올해의 환경책)
구제역, 조류독감으로 거의 매년 동물의 살처분이 이뤄진다. 저자는 4,800곳의 매몰지 중 100여 곳을 수년에 걸쳐 찾아다니며 기록한 유일한 사람이다. 그가 우리에게 묻는다. 우리는 동물을 죽일 권한이 있는가.

사향고양이의 눈물을 마시다
(한국출판문화산업진흥원 우수출판 콘텐츠 제작지원 선정, 환경부 선정 우수환경도서, 학교도서관저널 추천도서, 국립중앙도서관 사서가 추천하는 휴가철에 읽기좋은 책, 환경정의 올해의 환경책)
내가 마신 커피 때문에 인도네시아 사향고양이가 고통받는다고? 나의 선택이 세계 동물에게 미치는 영향, 동물을 죽이는 것이 아니라 살리는 선택에 대해 알아본다.

햄스터
햄스터를 사랑한 수의사가 쓴 햄스터 행복·건강 교과서. 습성, 건강관리, 건강 식단 등 햄스터 돌보기 완벽 가이드.

토끼
토끼를 건강하고 행복하게 오래 키울 수 있도록 돕는 육아 지침서. 습성·식단·행동·감정·놀이·질병 등 모든 것을 담았다.

인간과 개, 고양이의 관계 심리학

초판 1쇄 펴냄 2012년 11월 13일
초판 4쇄 펴냄 2020년 9월 22일

지은이 세르주 치코티, 니콜라 게갱
옮긴이 이소영
그린이 임윤옥

편집 김보경
교정 김수미
디자인 VISUAL STUDIO R.E.M (02)389—9076
인쇄 정원문화인쇄

펴낸이 김보경
펴낸곳 책공장더불어
주소 서울시 종로구 혜화동 5-23
대표전화 (02)766—8406
팩스 (02)766—8407
이메일 animalbook@naver.com
홈페이지 http://blog.naver.com/animalbook 페이스북 @animalbook4 인스타그램 @animalbook.modoo
출판등록 2004년 8월 26일 제300-2004-143호

ISBN 978-89-97137-03-9 03180

*잘못된 책은 바꾸어 드립니다.
*값은 뒤표지에 있습니다.